I0051827

FACULTÉ DE DROIT DE PARIS.

DU RÉGIME DOTAL

EN DROIT ROMAIN ET EN DROIT FRANÇAIS.

THÈSE POUR LE DOCTORAT

L'acte public sur les matières ci-après sera soutenu
le Jeudi 14 Avril 1859, à 10 heures et demie,

PAR

Ferdinand COULAZOU,
Né à Montpellier (Hérault),
Avocat à la Cour impériale de Paris.

Président, M. BUGNET, Professeur.

SUFFRAGANTS:	MM. PELLAT, doyen, DURANTON	Professeurs.
	DUFNOIR, LABBÉ	Agrégés

Le candidat répondra en outre aux questions qui lui seront faites
sur les autres matières de l'enseignement.

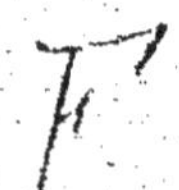

PARIS,
IMPRIMERIE DE MOQUET,
92, RUE DE LA HARPE, 92.
1859

DU RÉGIME DOTAL,

EN DROIT ROMAIN.

Le régime dotal ne remonte pas aux premiers temps de Rome, alors que chaque famille reconnaissait un chef unique, résumant en lui tous les pouvoirs, et seul propriétaire, quelle que fût l'origine de la chose acquise. Alors, en effet, les biens que la femme avait acquis avant ou depuis le mariage, étaient confondus avec ceux du mari, et ne formaient tous ensemble qu'un seul patrimoine dont il avait la propriété et la libre disposition. Rien de propre à la femme; elle occupait, dans l'ordre hiérarchique de la famille, le même degré qu'une fille, et c'est ainsi qu'à la dissolution du mariage, survenant par la mort du mari, elle partageait par portions égales avec ses enfants le patrimoine du défunt.

Tel fut le premier état de la femme mariée, et telles furent les conséquences de la puissance maritale désignée sous le nom de *manus*. La femme *in manu mariti* était appelée *materfamilias*. Nous n'avons pas à nous occuper d'elle, puisque la puissance du mari se traduisait à son égard par l'acquisition de tous ses biens, indépendamment de toute formalité.

Mais cet état de dépendance absolue de la femme ne pouvait convenir à toutes les époques de Rome; et déjà du temps des grands jurisconsultes, l'état de beaucoup le plus fréquent était celui de la femme mariée libre (*matrona*), qu'elle fût *sui juris* ou soumise encore à la puissance paternelle.

C'est à cette dernière que se rapporte l'origine de la dot; car le mariage n'ayant point à Rome de signes bien distinctifs, et l'absence de la *manus* tendant à la confondre avec la concubine, afin d'effacer cette assimilation, on créa la dot, qui devint ainsi le signe du mariage légitime libre.

La dot eut toutes les faveurs de la loi; on la considéra d'ordre public : sa conservation fut assurée comme intéressant l'État; et l'État était à la vérité fortement intéressé; l'institution du mariage était délaissée, et par l'apport d'une dot on usa du seul aimant qui parût possible pour y ramener les citoyens. De là, l'obligation imposée aux pères de doter leurs filles; de là, les obligations de conservation et de restitution imposées au mari, afin que leurs femmes veuves pussent contracter de nouveaux liens. Sous Justinien, les précautions sont encore augmentées; mais ce n'est plus pour relever l'institution du mariage : c'est un motif d'humanité qui guide ce prince dans ses réformes.

CHAPITRE PREMIER.

QU'EST-CE QUE LA DOT?

Ainsi que l'indique l'étymologie du mot, la dot est un *don* fait au mari, pour l'aider à soutenir les charges du mariage. La loi 20 au Code *de donat. ante nuptias*, déclare que les anciens jurisconsultes classaient la dot parmi les donations. Mais son affectation aux charges du mariage lui imprima un caractère complexe ; quand le constituant était un tiers, la femme était bien considérée comme donataire, mais non pas le mari; car il recevait la dot à titre onéreux. Aussi, une personne a-t-elle promis à titre de dot à un fiancé, une somme dant elle se croyait à tort débitrice envers la femme, cette promesse doit être réalisée après la célébration du mariage, malgré l'erreur de cette personne, qui n'aura de recours que contre la femme (Dig. *de condict. causa data.* loi 9). Par le même motif, si une dotation a été faite en fraude des créanciers, fraude ignorée du mari, on ne donnera pas contre celui-ci l'action en restitution; car on doit l'assimiler à celui qui aurait reçu *a fraudatore* le paiement de sa dette (D, *quæ in fraudem* l. 25, p. 1). Enfin, c'est parce que la dot est reçue à titre onéreux par le mari, que la dot constituée à l'affranchie ne pourra pas être retenue pour cause d'ingratitude; ce qui se pourrait, s'il y avait eu simplement donation (*d. de jure dot.* l. 69, p. 6).

Ainsi donc, ce n'est pas à titre gratuit, c'est à titre onéreux que la dot est reçue par le mari, parce qu'elle a pour but la satisfaction des besoins de la famille. C'est un de ses caractères essentiels.

La dot est inhérente au mariage et ne peut exister sans lui, car alors elle n'aurait pas sa destination essentielle. *Nisi matrimonii oneribus dos serviat, nulla est* (D. *de jure dot.*, l. 76). De cette liaison intime de la dot et du mariage découlent plusieurs conséquences, et entre autres celles-ci :

1° La constitution de dot est toujours faite sous la condition tacite que le mariage s'acccomplira;

2° Elle serait nulle, si elle était stipulée pour le moment de la mort de la femme, car ce moment est celui de la cessation du mariage (*D. jure dot.* l. 20) ;

3° Si une dot ayant été constituée en vue d'un certain mariage, ce mariage manque, ou bien s'il est frappé de nullité, ce qui a été constitué n'est plus une dot ; aussi la femme ne pourra pas le répéter par l'action destinée à la répétition de la dot ; elle aura seulement une *condictio re non secuta*, à laquelle on finira cependant par attacher les privilèges que comporte l'action de dot.

CHAPITRE II.

CONSTITUTION DE DOT.

La constitution de dot pouvait être faite de plusieurs manières : *dos aut datur, aut dicitur, aut promittitur*, nous dit Ulpien. Ainsi donc, trois modes : la *datio*, la *dictio* et la *promissio* ; nous traiterons d'abord de la *dictio*, comme étant le mode le plus ancien.

I. Diction de dot.

La *dictio dotis* était une déclaration en termes solennels

par laquelle le constituant annonçait l'apport qu'il entendait faire au mari : *decem millia tibi doti erunt*. On ignore quelle était la formule d'acceptation du mari ; et il n'est pas même bien certain qu'il dût formuler son acceptation. La *diction* était une forme spéciale uniquement destinée aux déclarations de dot, et qui ne pouvait trouver son emploi en d'autres matières ; c'est là un de ses caractères distinctifs. De plus, elle ne pouvait pas être employée par tout constituant. Enfin, à part sa limitation quant à l'objet et sa limitation quant aux personnes qui pouvaient en faire usage, un autre signe la séparait des autres modes : elle devait nécessairement précéder le mariage. C'est du moins ce que j'induis de ce fragment d'Ulpien : *dotem dicere potest mulier quœ nuptura est*. Il est vrai qu'un texte de Gaïus dans lequel il est dit : *Mulier sive sponso uxor futura, sive jam marito dotem dicat*, tend à détruire tout ce qu'avait de significatif le *quœ nuptura* d'Ulpien. Mais on sait que le passage de Gaïus duquel est tirée la citation précédente, qui seule contredit notre assertion, a une origine qu'on peut regarder comme suspecte ; car il fait partie du bréviaire d'Alaric qui a pu dénaturer le texte original de l'Epitome de Gaïus, afin de l'accommoder aux mœurs de ses sujets.

Un signe qui est commun à la *dictio* et à la *promissio*, c'est la nécessité de la présence des parties.

Quant aux personnes qui seules pouvaient employer les formes de la diction, elles nous sont désignées par Ulpien dans le titre VI de ses fragments ;

C'est :

1° La femme avant son mariage. Il faut distinguer, quant à elle, si elle était *sui juris*, c'est-à-dire indépendante, ou soumise encore à la puissance paternelle. La diction de dot ne lui était possible que si elle était *sui juris*. Alors on la plaçait, du moins au temps des grands jurisconsultes, sous la sauvegarde d'un tuteur qui était chargé de l'assister dans cet acte. Si elle se trouvait sous puissance, si c'était une *filiefamilias*, elle ne pouvait pas être obligée par la diction. Cette impuissance qui la frappait était spéciale à la diction, car il résulte de la loi 9 par. 2 au Dig. *de senat. cons. maced.* que la fille de famille pouvait invoquer l'exception tirée du sénatus-consulte, ce qui entraîne comme conséquence qu'elle pouvait s'obliger civilement en dehors de notre cas;

2° Le débiteur de la femme, délégué par elle à son mari;

3° Tout ascendant mâle uni à la femme par les mâles, comme le père, l'aïeul paternel, le bisaïeul paternel aïeul paternel du père. Pour tout autre parent, la voie de la diction n'était pas ouverte.

On peut se demander la raison de ce choix des personnes qui seules pouvaient *dicere dotem* : l'impuissance de la fille de famille se comprend aisément, car elle n'a pas de personnalité, sa personnalité étant absorbée par celle du *paterfamilias*. La faculté laissée au débiteur de la femme s'explique d'elle-même; car il parle au nom de celle-ci, *jussu ejus*. Il résulte de ce que nous venons de dire que la femme qui délègue son débiteur à son mari est nécessairement *sui juris*. Quant à la préférence accordée aux parents paternels, peut-être est-elle une suite de la constitution de la famille romaine, qui liait plus fortement tous les membres aux parents mâles. On conçoit qu'on n'eût pas voulu donner à la forme toute spéciale de la diction la force d'un engagement civil, quand elle était empruntée par une personne qui n'était pas intimement unie à la femme.

II. Dation de dot.

La *datio* est le fait même de transférer la propriété; la *dotis datio* avait donc pour effet de rendre le mari propriétaire des choses dotales; c'est le caractère qui la distingue des deux autres modes productifs, seulement d'une créance. Elle s'opérait selon les modes usuels de la transmission de la propriété, par la mancipation, la simple tradition ou la cession *in jure* : la mancipation s'appliquait aux choses *mancipi*, la tradition aux choses *nec mancipi*; la tradition appliquée à une chose *mancipi* n'aurait pas rendu le mari propriétaire, elle aurait mis cette chose *in bonis mariti*. Quant à la cession *in jure*, espèce de procès fictif, elle avait la force de la mancipation, et s'appliquait tant aux choses *mancipi* qu'aux choses *nec mancipi* : mais elle était d'un usage peu fréquent.

III. Promesse de dot.

La *promissio dotis* est la stipulation appliquée à la constitution de dot. La stipulation se compose d'une interrogation appelée *stipulatio* et d'une réponse (*promissio*) : dans son sens général, le mot stipulation désigne l'interrogation suivie de la réponse. Le jurisconsulte aurait donc pu dire *dos stipulatur*; mais comme il n'a envisagé l'opération que du côté du constituant, il a détaché du fait complexe de la stipulation la promesse qui le liera, et il a dit *dos promittitur*. Le mari interroge d'abord, *decem millia dotis nomine dari spondes?* *Spondeo*, répond le constituant, et dès-lors il est engagé, et sous le coup d'une action qui sera la *condictio certi* ou l'action *ex stipulatu*, selon que l'objet stipulé aura été ou non déterminé. La promesse de dot a des caractères communs avec la diction, à savoir : l'emploi de paroles solennelles, la présence des parties, et probablement aussi une action commune ; mais les textes ne nous donnent aucune lumière sur l'action résultant de la *dotis dictio*. Dans ses points de dissemblance avec cette dernière, la promesse de dot se rapproche de la *dotis datio*; ainsi comme elle, elle est accessible à toute personne qui veut constituer une dot : *dare, promittere dotem, omnes possunt* ; comme elle encore, elle pouvait avoir lieu tant avant qu'après le mariage.

Les trois modes de constitution que nous venons d'étudier perdirent toute leur utilité, lorsque les empereurs Théodose et Valentinien eurent admis que le mari pût exiger la dot qu'on avait voulu lui fournir, quelles que fussent les paroles employées pour la promettre, et quand même aucune stipulation ne fût intervenue (Cod. *de dot. promis.*, l. 6). A ce moment disparurent les formalités qui les accompagnaient et les règles qui servaient à les distinguer. Il n'était pas dans l'esprit du temps de Justinien de faire revivre ces distinctions ; aussi voyons-nous Tribonien chercher même à en effacer la trace ; et c'est ainsi que dans les écrits des jurisconsultes, qu'il a fait passer dans le Digeste, et dans lesquels il était question de la diction de dot, on le voit occupé constamment à faire oublier cet ancien mode au moyen de la substitution d'un mot à un autre.

CHAPITRE III.

DE LA DOT PROFECTICE ET DE LA DOT ADVENTICE.

La constitution de dot n'avait pas seulement des conséquences différentes, suivant le moyen de dotation dont on avait disposé; elle prenait encore telles ou telles règles suivant la personne qui faisait la dotation. A ce point de vue, la dot était *profectice* ou *adventice*.

On appelait *profectitia* la dot qui avait été donnée par le père ou tout autre ascendant paternel de la femme, *a patre vel parente*, ou qui du moins provenait de son fait et qu'on pouvait considérer comme étant sortie de son patrimoine. La dot constituée par un ascendant paternel ou provenant de son fait était appelée profectice, par la raison qu'il y avait alors intérêt à connaître son point de départ, *unde profecta est*, la seule qualité d'ascendant paternel pouvant avoir pour effet de faire revenir la dot chez le constituant. Nous citerons comme exemples de dot profectice : 1° celle qui aurait été donnée, par le *procurator* de l'ascendant, ou même par son *negotiorum gestor* s'il y a eu ratification; 2° celle qui aurait été donnée, pendant son état de démence, par son tuteur, 3° celle dont son esclavage chez l'ennemi aurait laissé la détermination à la sagesse du préteur. Mais si un père, par exemple, avait seulement répudié un legs, le gendre étant héritier,. afin d'en laisser à celui-ci le *quantum* à titre de dot, ce ne serait pas une dot profectice; car le père ne s'est pas dépouillé, il a seulement manqué d'acquérir (D. *de jure dot.* l. 5). Un cas fort douteux est celui où le père est devenu l'héritier de celui qui avait promis une dot à sa fille; car il a deux qualités pour payer la dot, celle de père et celle de débiteur en tant qu'héritier. Julien, dont Ulpien (*eod.*) nous transmet l'avis, arrive à la solution en distinguant si le père a donné la dot avant ou après le mariage; si c'est avant, la dot est profectice, car il aurait pu s'en décharger en empêchant le mariage. Mais elle n'est pas profectice, s'il ne l'a donnée qu'après, parce qu'alors il est censé ne l'avoir donnée que comme contraint par sa qualité de débiteur.

Ainsi, il ne suffit pas, pour que la dot soit profectice, qu'elle ait réellement diminué le patrimoine de l'ascendant; il faut encore qu'elle procède de sa qualité d'ascendant. Elle ne serait donc pas profectice, s'il l'avait payée, non pas comme ascendant, mais comme fidéjusseur du promettant, ou encore comme débiteur de sa fille. Du reste, si cette qualité d'ascendant doit être nécessairement celle qui a présidé à la dotation, elle est suffisante en ce sens qu'elle n'a pas nécessairement besoin d'être renforcée du droit de puissance, car *non jus potestatis, sed parentis nomen dotem profectitiam facit*; d'où, la conséquence que la dot constituée en faveur d'une fille émancipée peut être profectice.

Quand la dot n'est pas profectice, quand elle n'est pas sortie du patrimoine d'un ascendant paternel agissant en sa qualité d'ascendant, on la dit *adventice* (*adventitia*), parce qu'alors il n'y a pas à se préoccuper de son origine, mais seulement de sa venue dans le domaine conjugal. La dot constituée par la mère, par un ascendant maternel ou par une personne étrangère serait nécessairement adventice.

La dot est-elle adventice, le mari la conserve, si le mariage est dissous par la mort de la femme : voilà la règle; et cette règle n'admet d'autre dérogation que celle qui résulterait de la stipulation expresse du droit de retour; si le constituant a stipulé le droit de retour, la dot prend le nom de *dos receptitia*, parce qu'il la recouvrera dans le cas où la femme mourrait dans les liens du mariage.

La dot est-elle profectice, la mort de la femme durant le

mariage provoque son retour chez l'ascendant paternel. Cette faveur légale a été dictée par l'humanité, afin de ne pas ajouter à la désolation d'un père, et pour qu'il n'eût pas à déplorer à la fois et la perte de son enfant et la perte de la chose qu'il a constituée (D. *de jure dot*, l. 6). Au reste, la restitution ne s'opère pas intégralement, du moins quand des enfants sont nés du mariage; Ulpien nous dit, en effet, qu'en pareil cas, le mari retiendra de la dot autant de cinquièmes qu'il y a d'enfants, et cela *in infinitum*, ce qui ne veut pas dire d'une manière illimitée; car la limitation résultera de la nature même des choses, si le mari a au moins cinq enfants, mais ce qui signifie : « quand même les cinquièmes attribués au mari ne laisseraient à l'ascendant qu'une très-faible part, ou même absorberaient la totalité de la dot. » C'est là du moins l'explication qui me paraît le plus en rapport avec ces mots d'Ulpien : *quintis in singulos liberos in infinitum relictis penes virum*. Le retour légal n'est pas empêché par l'émancipation de la fille; ceci est contesté, mais bien à tort, je crois; car ceux qui rejettent cette décision sont obligés d'aller contre les principes : qu'est-ce, en effet, que la dot profectice? C'est la dot seule susceptible de revenir *ipso jure* chez le constituant; or, nous l'avons déjà vu, *non jus potestatis sed parentis nomen dotem profectitiam facit*. Si donc, la qualité d'ascendant est suffisante pour provoquer le retour de la dot, on est forcé de conclure à la possibilité du retour de la dot de la fille émancipée, dans le patrimoine de l'ascendant.

Si le père était mort avant le décès de la femme, la dot resterait au mari, ou à ses héritiers si celui-ci avait péri au même moment que la femme (D. *de religiosis*, l. 32. p. 1).

Le mariage est-il dissous, non par le décès de l'un des époux, mais par le divorce, la question de l'origine de la dot devient indifférente; le mari doit toujours en faire la restitution, à la femme elle même, si elle est *sui juris*, et à son père si elle encore sous puissance. Mais le pouvoir du père n'est pas ici absolu; l'action en restitution ne lui appartient qu'autant qu'il s'est adjoint sa fille (*adjuncta filiæ persona*). Ici donc on compte pour quelque chose la personnalité de la fille de famille; c'est que son concours dans l'action devient une garantie que la dot sera vraiment restituée et en totalité, et qu'elle pourra, par conséquent, la reporter à un nouveau mari. La dot est sa fortune à elle, « *ipsius et filiæ dos est*; » aussi conservera-t-elle son action en restitution, si son père a négligé de la faire intervenir, de même que celui-ci la conserverait intégralement, si la fille seule avait agi pour se faire rendre la dot (D. *solut. mat.* l. 2, p. 1, et l. 3).

Mais la femme étant morte depuis le divorce, avant que la demande en restitution eût été formée, le but dans lequel on oblige le mari à restituer la dot, devient, par cette mort, impossible à atteindre; le mari la conservera donc. Elle serait toutefois restituable si la demande avait été seulement formée.

Justinien efface la distinction de la dot profectice et de la dot adventice, et il crée un droit plus simple que nous étudierons plus tard.

CHAPITRE IV.

DES PACTES DOTAUX QUI SONT PERMIS ET DE CEUX QUI NE SONT PAS PERMIS.

Les pactes dotaux peuvent intervenir même après le mariage accompli, et quoiqu'il n'ait été rien convenu à cet égard (D. *de pact. dot.* l. 7).

Les uns dépendent uniquement de la volonté des parties ; tel est celui par lequel la femme conviendrait qu'elle ne pourra pas demander la dot pendant le mariage. Les autres sont régis par le droit, et par suite ne se plient pas toujours à la volonté des parties (D. *eod.* l. 12, p. 1). Il en est ainsi du pacte qui réglerait le mode de restitution de la dot. Paul nous dit, en effet, à la loi 14, que si l'on peut convenir d'un terme pour la restitution de la dot, ce n'est qu'autant qu'il n'aura rien de préjudiciable pour la femme, qu'il ne la renverra pas à un terme plus éloigné que le terme légal; ainsi on peut convenir seulement d'un terme moins long (*eod.* l. 15). Cependant on devrait observer le pacte qui prolongerait le terme de la restitution, s'il est intervenu après le divorce et pour une juste cause (l. 18); par exemple, pour permettre au mari de réparer le désordre de ses affaires.

Un pacte dotal, pour être valable, doit ne pas rendre plus mauvaise la condition de la femme. C'est pour cela qu'on n'autorise le pacte, ayant pour but l'échange de la dot soit *ex pecunia in rem* soit *ex re in pecuniam*, qu'autant que cet échange est utile à la femme (D. *de jure dot.* l. 26).

Il a été admis cependant « *posse deteriorem conditionem dotis fieri intervenientibus liberis* ; » mais cette règle ne reçoit son application que lorsque le mariage est dissous par la mort de la femme ou par le divorce (D. *de dote prœleg.* l. 1, p. 1). Quelle serait donc l'utilité du pacte qui laisserait la dot au mari, au cas d'enfants nés du mariage, quelle que fût d'ailleurs la cause de dissolution. Papinien répond que si le mariage est dissous par la mort du mari, ce pacte ne devra pas être observé (D. *de pact. dot.* l. 2).

On peut encore par un pacte empirer la condition de la dot, lorsque le pacte ne doit pas porter atteinte au droit de la femme; tel est celui prévu par la loi 6, au Code *de pactis conventi*; il permet au mari de conserver la dot profectice, si la femme meurt dans les liens du mariage; comme il ne porte atteinte qu'au droit du père, il est déclaré admissible, et avec beaucoup de raison; en effet, on assure aux femmes la conservation de leur dot, afin de leur faciliter un nouveau mariage; la raison manque donc pour qu'il soit question d'assurer cette conservation lorsque la femme ne peut pas toucher la dot.

Il résulte de cette règle que la fille, héritière de son père, devra respecter le pacte par lequel celui-ci aurait de concert avec elle prolongé le terme de restitution de la dot (D. *de pact. dot.* l. 19); car cette prolongation porte atteinte, non à son droit, mais au droit du père.

D'après cette dernière loi, la fille doit pour être tenue par le pacte, être héritière du père et de plus être intervenue dans ce pacte. Cette seconde condition prouve que le pacte est supposé dans la loi fait après le mariage accompli; l'intervention de la femme est alors nécessaire pour l'obliger : la promesse de dot a rendu créanciers et le mari et la femme elle-même dès le premier moment du mariage; si donc la femme n'était point intervenue dans le pacte, le pacte ne saurait lui nuire (*eod.* l. 7).

Le mari ne peut pas convenir que la garantie qu'il doit par rapport à la dot sera restreinte à son dol. Mais il peut convenir qu'il ne courra pas les risques de la créance qu'il a contre le constituant; car il peut mettre la dot aux risques de la femme, de même que la femme peut mettre à sa charge les risques qu'elle devait courir elle-même (*eod.* l.).

Il ne suffit pas, pour la validité du pacte dotal, qu'il n'empire pas la condition de la femme; il faut d'un autre côté, que le pacte ne tende pas à dénaturer la dot. Ainsi, on ne peut pas convenir que les fruits dotaux seront convertis en dot; ce serait annihiler la dot par rapport au mari (*eod.* l. 4). Serait nulle par le même motif la convention qui dispenserait la femme de tenir compte des dépenses nécessaires, ces dépenses diminuant la dot de plein droit.

Serait nul comme entravant la répression des mauvaises mœurs le pacte qui empêcherait le mari d'agir *de moribus;* serait nul aussi celui qui l'empêcherait d'agir ou *ob res amotas,* parceque ce serait pousser la femme au vol, ou *ob res donatas,* parce que cette convention serait contraire au droit qui prohibe les donations entre époux (*eod.* l. 5). Du reste, le même pacte interviendrait valablement après le divorce (*eod.* l. 20); il y aurait là une confirmation de donation ou une donation devenue possible légalement, puisqu'il n'y a plus mariage.

Un pacte est-il obscur, il faut l'interpréter en faveur de la dot, « *in ambiguis pro dotibus respondere melius est.* » C'est ainsi que s'il a été convenu que la dot ne serait demandée ni à la femme ni au père, l'héritier n'aura pas le secours de l'exception du pacte (*eod.* l. 20, p. 2).

Si le pacte a été fait pour un cas, on ne doit pas l'étendre à un autre; ainsi, on est convenu que le mari garderait une portion de la dot si la femme mourait dans les liens du mariage; la femme étant morte après avoir divorcé, le mari ne pourrait pas arguer du pacte. Cette règle est clairement établie dans le *proemium* de la loi 22 au Dig. *solut. mat.* : «

Si cum dotem daret pater vel extraneus pro muliere in unum « casum pepigit, vel in divortium, vel in mortem, dicendum « est in eum casum in quem non pepigit, esse mulieris ac« tionem. »

CHAPITRE V.

DE CE QUE PEUT COMPRENDRE LA DOT.

La dot peut comprendre soit l'universalité des biens de la femme, soit seulement une partie de ses biens, ou même un objet déterminé.

La loi 4 au Code *de jure dot.*, porte : « *Nulla lege prohibitum est universa bona in dotem marito fœminam dare.* » Cependant il n'est pas toujours permis à la femme de faire une constitution de tous biens ; ainsi, la mère, ayant des enfants d'un premier lit, ne peut pas, si elle convole en secondes noces, donner à titre de dot à son nouveau mari plus qu'une part d'enfants (Cod. *de secund. nupt.* l. 6).

S'il y a eu constitution générale, tous les biens passent au mari, mais *deducto ære alieno ;* à la vérité, le mari n'est pas personnellement débiteur des charges de ces biens ; il n'est pas directement obligé ; car il recueille des choses particulières qui lui adviennent par tradition ou par mancipation, et non pas une universalité. Mais d'un autre côté, la femme n'a pu entendre se constituer que ce qui resterait de ces biens après les dettes payées ; le paiement doit donc se faire avec ces biens, ce qui amènera par suite une diminution dans la dot (D. *de jure dot.*, l. 72).

Si la constitution embrasse une partie seulement des biens de la femme, ses autres biens sont extra-dotaux; on les appelle *bona receptitia*, biens réservés; et elle en conserve l'administration.

Lorsque la dot est incertaine, parce que son objet n'est pas spécifié ou sa quantité limitée, la constitution est nulle (C. *de dot. promis.* l. 1). Mais remarquons que depuis la loi *Julia*, la dot émanant d'une personne contrainte de doter, ne peut jamais être incertaine; car on pourra toujours lui donner des limites précises qui seront fournies par les facultés de cette personne et par la dignité du mari.

Du reste, toute personne peut constituer une dot, en en laissant la fixation à l'arbitrage d'un tiers; l'objet dotal n'est pas alors réputé inconnu ou incertain; sa détermination résultera comme précédemment des facultés du constituant et de la dignité du mari (D. *de jure dot.* l. 69, C. *de dot. prom.* l. 3). Cette décision est d'ailleurs conforme à la loi 85 *de regulis juris : « In ambiguis pro dotibus respondere melius est. »* De même, et malgré l'incertitude qui pourra d'abord régner sur la quotité de la dot, la femme peut apporter à son mari une hérédité, ainsi que cela résulte de la loi 13, § 10, au D. *de hæred. pet.*, ou même une part indivise d'une hérédité (Cod. *de jure dot.* l. 16).

La constitution peut être encore de ce qui est dû à la femme par une personne quelconque, ou par son père, ou par son mari; dans ce dernier cas, elle peut se faire par acceptilation : « Accepti quoque latione dos constituitur, cum debitori marito acceptum feratur dotis constituendæ causa » (C. *de jure dot.* l. 41, p. 2). Dès qu'il y a eu acceptilation, le mari est tenu comme s'il avait réellement reçu ce qui forme le montant de sa dette. Du reste, si, l'acceptilation ayant précédé le mariage, le mariage ne s'en suivait pas, elle serait comme non avenue, et l'obligation subsistante pourrait être poursuivie, soit par l'action qui y était attachée si l'intention des parties avait été d'éteindre la dette seulement pour le moment du mariage, soit par la *condictio sine causa*, si leur intention avait été de l'éteindre immédiatement. C'est une conséquence de la règle que la constitution de dot est toujours censée faite sous la condition que le mariage qu'on a eu en vue en le faisant, s'accomplira.

Si une femme a dit à son beau-père : « *Quod filius tuus mihi* « *debet, id doti tibi erit,* » elle a pu entendre, soit ce qui est compris dans l'obligation du fils, soit seulement ce qu'elle obtiendrait du père en le poursuivant sur ce qui a tourné à son profit et sur le pécule du fils (*persecutio patris et in rem versum*); mais par suite de la règle que dans le doute on doit se prononcer en faveur de la dot, on présume, à moins que le contraire ne soit prouvé d'une manière bien évidente, que la femme a entendu parler de l'obligation du fils. Une semblable constitution aboutirait donc à mettre dans la dot tout ce que devait le fils et non pas seulement ce qui aurait pu faire l'objet de la condamnation du père (D. *de jure dot.* l. 57).

La femme peut aussi se constituer en dot un usufruit. Alors on doit commencer par se demander si l'usufruit est réellement l'apport dotal, ou si la femme n'a voulu apporter que les fruits à en retirer; cette distinction est importante; car dans ce dernier cas, les fruits devront être capitalisés et seront restituables, les revenus dotaux se composant uniquement des bénéfices produits par la capitalisation de ces revenus. Tryphoninus fait à un autre point de vue une autre distinction (D. *de jure dot.* l. 78) : La nue-propriété du fonds dont l'usufruit a été rendu dotal, peut appartenir ou au mari ou à la femme. Si elle appartient au mari, l'usufruit n'est plus; son retour à la nue-propriété a opéré la consolidation; et dès ce moment, « *maritus non usumfructum habet, sed suo fundo « quasi dominus utitur.* » De là, il résulte : 1° que le mari ne pourra pas le perdre par suite du non-usage; 2° qu'il devra, en cas de divorce, faire à la femme une véritable constitution d'usufruit; 3° qu'il ne devra pas, si la femme meurt durant le mariage, les dépenses funéraires auxquelles sont assujettis, au moins en partie, ceux qui recueillent la dot; car il ne gagne pas l'usufruit pour cause de dot, puisque cette mort aurait ramené cet usufruit sur sa tête, indépendamment de l'existence du mariage. Si la femme était propriétaire du fonds dont elle a transmis l'usufruit à son mari pour cause de dot, le mari est devenu l'acquéreur d'un véritable usufruit que le non-usage pourrait éteindre. En supposant l'extinction par le non-usage et la femme encore nue-propriétaire, celle-ci se trouve sans dot; que pourrait-elle demander en restitution, puisqu'elle a profité de l'extinction de l'usufruit? Mais si elle s'est dessaisie de la nue-propriété avant cette extinction, on doit dire qu'elle a encore une dot; car elle pourra recourir contre son mari dont la négligence grossière lui a porté préjudice.

Si la femme s'est dotée avec sa part indivise dans un immeuble, et si le copropriétaire, agissant par l'action *communi dividundo* pour sortir de l'indivision, acquiert par l'adjudication la totalité de l'immeuble, quelle sera la dot? Elle sera de la somme qui aura été payée pour la part de la femme. Si c'est au mari que l'immeuble a été adjugé, la partie constituée reste dotale sans imprimer ce caractère à l'autre partie : « Sed an constante matrimonio, non sola pars dotalis sit, quæ « data fuit in dotem, sed etiam altera portio, videamus? Ju« lianus de parte tantum dotali loquitur ; et ego dixi in audi« torio, illam solam dotalem esse. » Peut-être la décision aurait-elle été toute opposée, si le droit romain avait admis, comme le droit français, que le partage est, non translatif, mais déclaratif de propriété.

Quoique les femmes *sui juris* eussent l'administration de leurs affaires, elles n'en étaient pas moins sous la garde d'un tuteur dont l'autorisation leur était nécessaire pour certains actes, et notamment pour la constitution de dot. Plus tard, lorsque l'usage de la curatelle se fut introduit pour les mineurs de vingt cinq ans, elles eurent aussi un curateur qui les accompagnait jusqu'à cet âge et qui administrait leurs affaires. Cette dualité d'un pouvoir protecteur, représenté dans l'assistance par le tuteur et par le curateur dans l'administration, nous est démontré par le paragraphe 110 des *Vaticana fragmenta*. Ce paragraphe exige pour la promesse de dot par la femme l'autorisation, non pas de son curateur, mais de son tuteur; et cependant c'est le curateur qui est l'autorisant dans la loi 16 au Dig. *de jure dot.*; à coup sûr, il y a dans ce dernier texte un changement opéré par Tribonien dans le but de l'accommoder à son temps; car sous Justinien la femme a encore un curateur; mais son tuteur a disparu. Remarquons que ce même paragraphe des *Vaticana fragmenta* déclarant que la dot pouvait être promise ou donnée après le mariage, son silence à l'égard de la diction paraît restrictif : ce texte viendrait donc corroborer l'opinion déjà émise que la diction de dot ne pouvait avoir lieu après le mariage.

Le tuteur ou le curateur de la femme adulte doit accroître l'importance de la dot suivant la fortune et la dignité de celle-ci et suivant la dignité du mari ; d'où nous concluons que cette importance pouvant toujours être précisée, la dot constituée pour cette femme ne pourra jamais être nulle comme incertaine.

Si les facultés de la femme ont été dépassées, la promesse de dot est infirmée *ipso jure*, comme résultant d'un dol. Cette infirmation *ipso jure* entraîne cette conséquence qu'aucune stipulation à cet égard ne pourrait valider la promesse. Celle-ci néanmoins reste valable dans les limites des facultés de la femme (D. *de jure dot.*, l. 61). D'après le Code, ses facultés sont considérées comme dépassées lorsque la femme ayant un fils a livré en dot tous ses biens ; alors on accorde au fils une action qui lui fera obtenir sur les biens dotaux la portion qu'il aurait eue s'il en avait été dépouillé par un testament inofficieux (Cod, *de inoffic. dot.*) ; dans cette dernière hypothèse la protection s'adresse au fils. Mais c'est encore l'intérêt de la femme qu'on entend sauvegarder dans la disposition de la loi 12 au Dig. *de jure dot.*, lorsqu'on lui permet de se faire restituer la chose dotale, qui par suite de machinations a été estimée au-dessous de sa valeur ; l'équité et la bonne foi s'opposent à l'enrichissement d'un époux par l'appauvrissement de l'autre.

La constitution de dot doit être expresse, en ce sens qu'il est nécessaire d'y désigner les espèces et la quantité des choses promises ; la loi 1 au Code *de dot. promis.*, repousse comme insuffisante la constitution qui ne serait pas ainsi limitée ; et c'est d'ailleurs un principe constant qu'une promesse n'est pas obligatoire, si on peut se libérer en donnant une chose sans valeur. Mais la constitution peut être tacite en ce sens qu'il n'est pas nécessaire que le mot de dot y soit prononcé. Je n'ignore pas l'explication que l'on a donnée à cette loi : « *Quia autem in stipulatione non est necessaria dotis adjectio, etiam in datione tantumdem dicimus;* » on suppose une transposition du mot dot, dont on trouve la place après le mot *stipulatione*, et alors on fait rapporter *adjectio* à la condition *si nuptiæ secutæ...* dont il est question dans les textes précédents. Mais même en laissant de côté ce texte, nous en trouvons d'autres assez nombreux, rapportant des constitutions de dot et ne mentionnant pas le mot dot; telle est, dans la loi 48 D. *de jure dot.*, la constitution faite dans un testament que rapporte le § 1 : *Lucio Titio filiæ meæ nomine centum hæres meus damnas esto dare;* l'intention de donner à titre de dot se tire par induction des mots *filiæ meæ nomine*. Disons cependant que la formule de la diction exigeait nécessairement la prononciation du mot dot. La constitution est encore tacite en ce sens que la volonté présumée de se doter peut quelquefois être suffisante, ainsi que cela résulte de ce texte de Paul : « Dotem quæ in prius matrimonium data est, non « aliter converti in posterius matrimonium dicendum est, « quam cum hoc agitur : dum hoc agi semper interpretemur, « nisi probetur aliud convenisse; » et de ce texte d'Ulpien : « Si « serva servo quasi dotem dederit, deinde constante conjunc- « tione ad libertatem ambo pervenerint peculio eis non « adempto, et in eadem conjunctione permanserint : ita res « moderatur ut si quæ ex rebus corporalibus velut in dotem « tempore servitutis datis extiterint, videantur ea tacite in « dotem conversa, ut earum æstimatio mulieri debeatur; » et enfin de ce texte de Javolénus : « Post divortium mulier, si

« de dote maritus nihil cavit, et cum alii nupsisset, postea ad « priorem virum redit : tacite dos ei redintegratur.

Du reste, une chose reste essentielle à la constitution pour imprimer le caractère dotal aux choses apportées au mari : il faut que ces choses aient été livrées *in dotem*, c'est-à-dire dans le but de servir de dot; car elles peuvent avoir été livrées pour former des *paraphernaux*, des biens *extra dotem*, biens auxquels on donnait quelquefois le nom de pécule, parce que, restant séparés des autres, ils formaient, comme le pécule, un patrimoine distinct. C'est à propos de ce que nous appelons aujourd'hui des paraphernaux, qu'Ulpien s'exprime en ces termes : « Cæterum si res dentur in ea quæ Græci pa« rapherna dicunt, quæque Galli peculium appellant, videa« mus an statim efficiuntur mariti? Et putem, si sic dentur ut « fiant, effici mariti; » le mari n'est pas pour cela présumé propriétaire dans la pensée d'Ulpien ; il favorise plutôt la présomption contraire; car en expliquant dans ce même texte l'habitude qu'avaient les femmes à Rome de remettre au mari un compte détaillé des choses qu'elles apportaient dans la maison conjugale, il voit dans cet acte, malgré la tradition effectuée, l'intention, non pas d'attribuer au mari la propriété de ces choses, mais plutôt de rendre certaine leur existence; après quoi, il signale cet autre usage : « Et plerumque custo« diam earum maritus repromittit, nisi mulieri commissæ sint. » « Cet usage se perpétue, et Théodose l'approuve comme fort raisonnable de la part de la femme, qui a déjà confié sa personne à son mari ; cependant, ajoute-t-il, « quoniam condito« res legum æquitatis convenit esse fautores, nullo modo « (ut dictum est) muliere prohibente virum in paraphernis se « volumus immiscere (Cod., *de pact. convent.* l. 8).

CHAPITRE VI.

DE L'OBLIGATION DE DOTER.

Les lois *Juliæ* n'avaient pas encore paru, et déjà le mariage avec *manus* était déserté; les femmes, tourmentées par des idées d'émancipation, le rejetaient loin d'elles comme contraire à leur penchant; c'est qu'en effet la nature de ce mariage, qui confondait les patrimoines du mari et de la femme, était loin d'être favorable à cette dernière; car elle lui demandait une soumission presque servile, tandis qu'elle octroyait au mari une puissance absolue. Le mariage libre, au contraire, favorisait les tendances de la femme en proclamant son indépendance et en séparant ses biens de ceux de son mari : aussi en profita-on largement. Dès qu'il eut été admis, la règle de la nécessité d'une constitution de dot dut être posée, quoiqu'on ne sache à cet égard rien de positif; du reste, j'entends parler non pas d'une nécessité légale, mais d'une nécessité résultant d'habitudes et d'usages qui durent s'introduire avec cette institution. La dot, en effet, semble former le caractère principal du mariage libre. Quoi qu'il en soit, la loi *Julia* parut alors : due sans doute à l'exigence des maris, et peut être aussi à un souvenir de la puissance maritale, elle fit entrer bien plus avant dans les mœurs le mariage libre, en imposant comme une obligation la charge d'une dot à ceux qui avaient en main la puissance paternelle. Sa disposition à cet égard forme le fond de la loi 19 au Dig. *de ritu nupt.* : « Capite trigesimo « quinto legis Juliæ, qui liberos quos habent in potestate, in- « juria prohibuerint ducere uxores, vel nubere; (vel qui do-

« tem dare non volunt, ex constitutione divorum Severi et Antonini) per proconsules præsidesque provinciarum coguntur in « matrimonium collocare et dotare. » L'obligation de dot était donc une charge de la puissance paternelle, et ne s'étendait pas au-delà. Nous voyons cependant que la mère put quelquefois, même avant Justinien, mais seulement, il est vrai, par exception, être comprise dans cette obligation : la loi 14 *de jure dot.* porte, en effet : « Neque mater pro filia dotem « dare cogitur, nisi ex magna et probabili causa vel lege « specialiter expressa, » etc. Justinien nous fournit l'exemple d'une loi portée pour contraindre expressément la mère à doter ses enfants ; il s'agit d'une mère hérétique dont les enfants sont orthodoxes ; afin de déjouer les machinations qui tendraient à les dépouiller, il leur accorde une foule de droits, et entre autres celui de forcer même leur mère à leur fournir une dot dont il détermine le montant proportionnellement à sa fortune (Cod. *de hæreticis*, l. 19).

Entrons maintenant dans l'hypothèse de la loi 7 au Code *de dot. prom.* : Un père, demeuré simple usufruitier des biens de sa femme défunte, a constitué une dot à sa fille en déclarant qu'il la constituait pour biens paternels et maternels. La question de savoir sur quels biens la dot serait prise fut longtemps controversée ; devra-t-on la prendre moitié sur les biens paternels et moitié sur les biens maternels, ou bien le père sera-t-il considéré comme ayant voulu faire une libéralité *ex suo*? Justinien prête au père cette dernière pensée, et décide que la dot se prendra en entier sur ses biens, si toutefois il a des biens propres ; car autrement il ne devrait en rien contribuer à la dot ; son motif est que la dot est *omnino paternum officium*, et qu'il doit s'imputer à lui-même de s'être exprimé en termes ambigus. Mais l'Empereur Léon abroge ces deux décisions dans sa Novelle XXI et déclare que la dot se prendra moitié sur les biens de la mère et moitié sur les biens du père ; la loi de Justinien était, en effet, fort injuste ; car on ne pouvait supposer au constituant l'intention de se charger de toute la dot, quand il l'avait constituée tant en biens maternels qu'en biens paternels.

Le mariage était-il nul, faute de constitution de dot ? Nous savons que le mariage est indispensable à la dot ; mais la réciproque est-elle vraie ? Non ; sans doute, la dot était le signe du mariage légitime libre ; mais ce signe ne lui était pas essentiel. Et on ne peut pas, de l'utilité de la dot pour distinguer la femme *in matrimonio* et la concubine, conclure à la nullité du mariage pour absence de dot ; il y avait encore bien d'autres moyens pour les distinguer : l'intention des parties, l'affection du mari et la dignité de la femme étaient comme autant d'indices certains et faciles à découvrir tant par le rang que la femme occupait dans la société que par la manière dont la traitait son mari. Et on savait si bien discerner l'attachement porté par un homme à une concubine de celui qu'il aurait porté à son épouse, que cette différence est ce qui forme le fonds d'une décision de Sévère, à propos de la validité d'une donation : « Divus tamen Severus in liberta « Pontii Paulini senatoris contra statuit : Quia non erat affectione uxoris habita, sed magis concubinæ (D. *de donat. inter vir. et ux.*, l. 3, p. 1).

Toutefois, le droit dut changer, et la dot devenir essentielle au mariage, car on attribue à Majorien une Novelle par laquelle il exige la constitution d'une dot pour la validité du mariage.

Quoi qu'il en soit, Justinien reconnait qu'elle n'est point nécessaire pour cette validité, ainsi que cela résulte de ce texte : « Jubemus, ut quicumque mulierem cum voluntate parentum : « aut si non parentes habuerit, sua voluntate maritali affectio- « tione in matrimonium processisset, firmum conjugium eorum « habeatur ; non enim dotibus, sed adfectu matrimonia con- « trahuntur (Cod., *de repudiis*, l. 11). » Cependant, ce prince fait une exception : 1o pour les dignitaires et pour les personnes de haut rang, à propos desquelles il s'exprime ainsi : « Sit « omnino et dos et antenuptialis donatio ; » 2° pour tous ceux qui voudraient légitimer leurs enfants ; lorsque l'acte dotal (*nuptialia instrumenta*) est dressé, le commerce existant entre l'homme et la femme, qui auparavant était un concubinat, se transforme en un mariage légitime dont les effets sont rétroactifs, et placent sous la puissance paternelle les enfants nés avant la rédaction de l'acte (Novel. LXXIV, tit. 3).

Nous avons à signaler maintenant une institution dont l'étude est intimement liée à celle de la dot, tant par son histoire que par sa nature : car nous la voyons, comme un complément indispensable, suivre les mêmes vicissitudes que la dot, et se trouver associée à elle dans les dispositions législatives de Justinien : J'ai nommé la donation *ante nuptias*.

La donation *ante nuptias* tire son nom de la règle qui l'obligeait à précéder le mariage, la donation entre époux étant prohibée : c'était l'apport que faisait le mari dans le même but pour lequel la femme avait apporté la dot, c'est-à-dire dans le but d'employer spécialement les choses dont se composait cet apport au soutien des charges du mariage. Ce but unique commun à la dot et à la donation *ante nuptias*, donne la raison de la communauté de législation dans ces deux matières.

Son origine est de beaucoup postérieure à celle de la dot, quoiqu'on ne puisse préciser le moment de son introduction dans le droit; il en est question pour la première fois dans un texte qui remonte aux empereurs Théodose et Valentinien (Cod., *de repud*, l. 8, p. 4). Aussi nous contentons-nous, pour le moment, de l'avoir signalée, afin de nous occuper de la question si difficile de savoir quel était du mari ou de la femme le propriétaire des biens dotaux, et quelle était, par conséquent, la nature des droits du mari sur ces mêmes biens.

CHAPITRE VII.

QUEL ÉTAIT LE PROPRIÉTAIRE DE LA DOT.

Quant aux biens extradotaux, ils ne devenaient la propriété du mari que si telle était l'intention de la femme; celle-ci voulait-elle le rendre propriétaire, il le devenait; d'où, pour elle la perte de l'action en revendication (D. *de jure dot*. l. 9, p. 3). Mais la présomption de propriété était pour la femme; en cas de doute, on se prononçait en sa faveur; il est dit, en effet, dans la loi 9, § 3, *de jure dot.*, que l'intention pour la femme de transférer la propriété de ces biens ne résulte ni de la tradition provenant de la mise en possession du mari, ni de l'état qu'elle aurait fait dresser, suivant l'usage, des choses apportées. Disons donc qu'à l'égard des paraphernaux, l'intention des parties faisait loi; le propriétaire était celui dont elles étaient convenues.

Pour les biens dotaux, la question de propriété est fort douteuse : les lois 7, § 3, *de jure dot.* et 75 *eod.* considèrent le mari comme propriétaire ; la loi 21, au Dig. *de manumis.*, lui permet d'affranchir l'esclave dotal, ce qui le fait supposer propriétaire exclusif ; enfin, on lui donne sur les biens dotaux et contre la femme elle même, l'action en revendication (Dig., *de act. rer. amot.* l. 24), action qui compète uniquement *ei qui dominium adquisivit*. D'un autre côté, d'autres textes paraissent regarder la femme comme propriétaire, notamment la loi 3, § 5, *de minor.* qui s'exprime ainsi : « dos « ipsius filiæ proprium patrimonium est, » et la loi 7, § 12, Dig. *solut. mat.*, qui lui attribue la propriété du trésor trouvé dans le fonds dotal. La loi 75, Dig. *de jure dot.*, semble proclamer les deux époux comme copropriétaires : « Quamvis in bonis « mariti dos sit, mulieris tamen est. » Plusieurs systèmes se sont formés pour chercher à concilier ces différents textes : l'un considère la femme comme ayant transmis au mari certains attributs du droit de propriété sur les biens apportés en dot, sans cesser pourtant d'être elle-même propriétaire ; l'autre fait deux propriétaires de la dot, attribue sur elle au mari le domaine bonitaire, à la femme le domaine quiritaire. Un troisième système regarde le mari comme le seul et véritable propriétaire des biens dotaux pendant le mariage ; d'après cette opinion, il a ces biens *in bonis*, ou il en a le domaine quiritaire, selon que l'indiquent les règles ordinaires ; quant à la femme, elle a une propriété résoluble et restituable ; car elle n'a transmis au mari ses droits sur les choses dotales qu'à charge de restitution. Dans cette opinion, on trouve une explication aux textes favorables à la femme ; car son droit de propriété, quoique futur et incertain, ne reste pas sans utilité durant le mariage ; elle a remis la dot au mari, non pas seulement à charge de restitution, mais encore à la charge par lui de suffire à tous les besoins du ménage, et par conséquent à son entretien personnel. Ce droit de jouissance explique d'une manière satisfaisante les droits qu'on lui accorde, de même que le droit à la restitution qui lui compètera lors de la dissolution du mariage, ne fait plus trouver étonnante la qualification de propriétaire qu'on lui donne quelquefois. La loi 75 (*de jure dot.*), elle-même, qu'on invoque dans l'opinion qui regarde le mari et la femme comme co-propriétaires, vient éclairer le dernier système ; il s'agit d'un fonds livré en dot sans estimation, et dont le mari subit l'éviction ; le jurisconsulte décide que la femme pourra immédiatement agir *ex stipulatione* : « porro cujus interest non esse evictum « quod in dote fuit, quodque ipsa evictionem pati creditur ob « id quod eum in dotem habere desiit, hujus etiam constante « matrimonio, quamvis apud maritum dominium sit, emolu- « menti potestatem esse creditur, cujus etiam matrimonii « onera maritus sustinet. » Ainsi donc, lorsque l'on dit que les deux époux sont simultanément propriétaires, on entend parler de l'espèce de propriété de fait qui résulte de la jouissance dont les biens dotaux sont grevés au profit de la femme ; on ne peut pas dire, en effet, qu'elle est simplement créancière ; elle a plus qu'une créance éventuelle pour la restitution de la dot ; elle a un droit de propriétaire, le droit de jouissance.

Au moyen de ce système, la contradiction entre les différents textes relatifs à ce sujet cesse d'être réelle pour devenir apparente.

Justinien a-t-il clos la discussion sur ce point pour son époque? A la vérité, il reconnait que la dot appartient à la femme, et il dit même que le mari n'a été regardé comme propriétaire que par une subtilité des lois qui n'a jamais pu détruire la vérité (Cod. *de jure dot.* l. 30). En conséquence du droit de propriété qu'il reconnaît à la femme, cette même loi lui permet de revendiquer, à la dissolution du mariage, toutes choses dotales mobilières ou immobilières, estimées ou non estimées, pourvu toutefois qu'elles existent encore. Mais après lui avoir donné l'action en revendication, Justinien lui accorde encore sur ces mêmes biens dotaux une action hypothécaire, dont l'admission semble l'exclusion du droit de propriété. De plus, il commence ainsi le tit. 8 liv. II, de ses Instituts : « Accidit aliquando ut qui dominus sit, alienare non » possit ; et contra, qui dominus non sit, alienandæ rei potes- « tatem habeat, nam dotale prædium maritus invita muliere « per legem Juliam prohibetur alienare, quamvis ipsius sit, « dotis causa ei datum. »

Malgré cette conclusion ou plutôt à cause de cette conclusion même à laquelle Justinien n'a pu se soustraire, et qui est le résultat de la nature particulière de la dot, on peut arriver à cette pensée que dans le principe le mari est le maître des choses dotales, puisqu'elles lui sont arrivées par les modes ordinaires de la transmission de propriété ; mais successivement son droit subit de graves atteintes, et Justinien finit par l'altérer si profondément qu'il est bien difficile de voir en ce mari autre chose qu'un administrateur des biens dotaux. Toutefois les souvenirs sont si puissants qu'on lui laisse encore la qualification de propriétaire, qualification devenue menteuse, mais qui se trouvait vraie même après la loi *Julia*, puisque cette loi était seulement une garantie donnée à son obligation de restituer la dot.

Le mari était donc avant Justinien le propriétaire des biens dotaux. A quel moment le devenait-il? Dès le moment même de la constitution, s'ils étaient donnés durant le mariage; s'ils étaient donnés avant, tout dépendait de l'intention de la femme; mais si elle voulait en conserver la propriété jusqu'au moment du mariage, sa volonté devait être clairement exprimée (Dig., *de jure dot*, l. 8). Il y avait donc dès le moment de la livraison présomption de propriété pour le mari; d'où, la conséquence que dès ce même moment si la chose livrée était chose d'autrui (*res aliena*), il pourra commencer à l'usucaper; il est vrai qu'il n'usucapera pas *pro dote*, mais *pro suo*.

CHAPITRE VIII.

DROITS ET DEVOIRS DU MARI.

Le premier droit du mari est celui de pouvoir exiger la dot qui lui a été promise. Toutefois si la constitution a été faite en ces termes: *cum potuero, decem tibi doti erunt*, le mariage étant accompli, le mari n'aura pour cela rien à exiger, jusqu'au jour où le constituant sera parvenu à meilleure fortune; car la clause *cum potuero* doit s'entendre en ce sens: S'il m'est possible de donner après le paiement de mes dettes, et sans compromettre ma dignité (D. *de verb. signif.* l. 125).

Le mari administre la dot et en perçoit les fruits; car c'est à lui qu'incombe la charge de satisfaire les besoins de la famille. S'il est *filiusfamilias*, la dot se trouve dans les biens du père, et le père en jouit; car il pourvoit à l'entretien de tous; mais à sa mort, le mari, obligé désormais à ce soin, la prélèvera dans la succession et en recueillera les fruits; l'action *familiæ erciscundæ* lui est ouverte pour ce prélèvement, si toutefois il est héritier de son père (D. *fam. ercisc.* l. 51).

Tous les fruits de la dot lui appartiennent. Mais tous les produits d'une chose ne sont pas des fruits; il faut donc faire une distinction à cet égard; ainsi, le part des esclaves dotaux deviendra la propriété de la femme; car il n'a pas été considéré comme un fruit, soit par la raison donnée par Justinien, à savoir: qu'il serait absurde de regarder l'homme comme un fruit, lui à qui tous les fruits ont été destinés, soit plutôt par le motif énoncé par Ulpien (D. *de hæred. pet.* loi 27), qu'on n'a pas des esclaves dans le but de leur faire produire d'autres esclaves, mais pour les employer à des travaux. On ne considère pas non plus comme un fruit ce qui a été donné ou légué à l'esclave dotal; cela augmente la dot, comme ce qui proviendrait de l'adition d'hérédité faite par ce même esclave. Il faut donc restreindre le droit de jouissance du mari aux choses qui auront le caractère de fruits.

Mais de ces dernières choses, il n'en doit aucun compte; aucune obligation semblable n'est inscrite dans les textes, à moins de conventions spéciales à cet égard (D. *de jure dot.* l. 7). Il ne faut pas oublier cependant qu'elles ont une destination toute particulière qui doit être remplie. Du reste, tout ce qui excède les besoins de la famille, le mari le fait sien. Mais il faut circonscrire son droit dans le temps que dure le mariage; les fruits qu'il aurait perçus avant, feraient partie de la dot même et seraient restituables, à moins d'une stipulation spéciale à cet égard avec celle qu'il doit prendre pour épouse; et encore dans ce dernier cas il fait les fruits siens seulement en vertu de la donation (D. *de jure dot.* l. 7).

On peut donc dire que son droit de jouissance comme mari commence seulement avec le mariage, et cela sans aucune exception. Si au lieu d'employer les revenus de sa dot à leur destination, il les donnait à sa femme, il pourrait agir contre elle pour répéter tout ce dont elle se serait enrichie (Cod. *de jure dot.* l. 20) : car ce serait une donation prohibée, comme étant faite *inter virum et uxorem.*

Le mari qui ne ferait aucune dépense pour l'entretien de sa femme, n'aurait aucun droit aux intérêts de la dot. C'est ainsi qu'ils ne sont point dus, lorsque la femme ayant été amenée dans la demeure du mari absent, les biens du mari n'ont cependant subi aucune charge ; et il les réclamerait vainement à son retour, quoique se fondant sur la promesse qui en aurait été faite (D. *de jure dot.* l. 69, p. 3.)

Les choses dotales ont pu être estimées. L'estimation fait vente, qu'il s'agisse de meubles ou d'immeubles ; elle rend donc le mari propriétaire incommutable et met les choses à ses risques et périls, à tel point qu'il supportera même la détérioration produite par l'usage qu'aura fait la femme de la chose estimée (D. *solut. mat.* l. 51). Cependant quoiqu'on dise que l'estimation fait vente, on n'applique pas les règles de la vente ; ainsi, en cas d'une lésion pour l'un des époux produite par la fixation de l'estimation, la lésion devra être réparée, quand même elle serait peu considérable, et quand même elle serait du côté du mari ; car il ne serait point équitable que l'un ou l'autre des époux s'enrichît aux dépens de son conjoint (D. *de jure dot.* l. 6, p. 2).

L'estimation ne rend pas toujours le mari propriétaire incommutable. Tel est le cas où il a été convenu que ce serait la chose même estimée qui serait rendue ; alors l'estimation n'opère pas vente ; elle a pour but de fixer le montant de la valeur de la chose, comme moyen de détermination de l'indemnité que devra payer le mari en cas de perte ou détérioration (D. *de jure dot.* l. 66, p. 7).

D'un autre côté, il est des choses, qui bien que non estimées, passent aux risques et périls du mari : « Res in dotem « datæ, quæ pondere, numero, mensura constant, mariti pe- « riculo sunt : Quia in hoc dantur, ut eas maritus ad arbi- « trium suum distrahat ; et quandoque soluto matrimonio, « ejusdem generis et qualitatis alias restituat vel ipse, vel « hæres ejus (D. *eod.* l. 42). Cette décision, fondée sur la nature même des choses appréciables au poids, au nombre ou à la mesure, ne saurait être donnée, si la femme avait expressément déclaré vouloir conserver la propriété de ces choses, puisque le motif par lequel le jurisconsulte la justifie est tiré de la volonté présumée de la femme de transférer la propriété à son mari.

Si les choses dotales n'ont pas été estimées, jusqu'où s'étendra la responsabilité du mari ? Paul nous dit : « In rebus « dotalibus virum præstare oportet tam dolum quam culpam « quia causa sua dotem accipit ; sed etiam diligentiam præs- « tabit quam in suis rebus exhibet. » Ainsi donc, il sera responsable de son dol et de sa faute ; et ses soins devront être mesurés, sinon sur ceux du père de famille le plus diligent, ce qui emporterait pour lui la responsabilité de la faute même la plus légère, du moins sur ceux qu'il apporte à ses propres affaires. Sa responsabilité est plus grande que celle du dépositaire qui ne répond que de son dol, mais moindre que celle du commodataire ; elle est égale à celle du *socius* ; on ne pouvait être ni plus ni moins rigoureux à l'égard de l'un qu'à l'égard de l'autre, les mêmes raisons militant en faveur de tous deux.

Le mari ne pourrait pas convenir qu'il ne sera tenu que de son dol (D. *de pact. dot.* l. 6) ; cette décision a été prise dans l'intérêt des femmes.

L'usage s'était introduit de faire donner au mari des fidéjusseurs pour garantir la restitution de la dot, tant pour le cas où elle serait aux risques et périls du mari que pour le cas où elle resterait aux risques et périls de la femme. Cet usage était fort avantageux pour cette dernière, car le fidéjusseur pouvait être condamné *in solidum*, tandis que le recours contre le mari pouvait se trouver en partie paralysé par le bénéfice de compétence, exception personnelle à celui-ci et qui comme telle ne passait pas au fidéjusseur (D. *de except.* l. 7). Cet usage fut aboli par les empereurs Gratien et Valentinien, comme contraire à la dignité du mariage et à l'honneur du mari ; et Justinien sanctionna leur décision (Cod. *de fidej.*).

Des textes nombreux s'occupent de la responsabilité du mari. Le mari est d'abord responsable comme le serait un usufruitier, du défaut d'entretien qui amènerait la détérioration de la chose dotale ; si la dot est, par exemple, d'un troupeau, il devra se servir du croît des animaux pour remplacer les têtes mortes ; le surplus seulement lui appartiendra (D. *de jure dot.* l. 10).

Une chose a été estimée et est ainsi devenue la propriété du mari ; mais la femme l'a gardée en sa possession ; la chose étant venue à périr, on se demande si le mari est responsable de cette perte. Non, si la femme était en demeure de la livrer. (D. *de jure dot.* l. 14).

Le constituant est devenu insolvable ; doit-on imputer au mari de ne l'avoir pas poursuivi ? Oui, si le promettant est un *extraneus* qui a promis la dot par nécessité, comme débiteur de la femme. Non, s'il a fait librement la constitution; le mari est ici excusable, parce qu'il n'aurait pu le faire condamner que jusqu'à concurrence de ses facultés. *A fortiori*, serait-il excusable, si le promettant est la femme ou son père; comment la femme pourrait elle se plaindre du défaut de poursuites (D. *de jure dot*. l. 33)?

Mais le mari est responsable s'il a fait acceptation au constituant de la somme promise (*eod*. l. 49), à moins qu'il n'ait agi par l'ordre de la femme.

Quelques auteurs pensent que lorsqu'il s'agit du recouvrement de créances dotales, le mari doit non-seulement les soins qu'il donne à ses propres affaires, mais même les plus grands soins; car, disent-ils, le mari dans ces poursuites accomplit en quelque sorte un mandat; donc il doit être tenu comme un mandataire. Il ne faut pas s'arrêter à ce motif; le mari, en effet, n'accomplit pas un pur mandat, car il agit aussi dans son intérêt.

Si le mari n'a pas été négligent, l'insolvabilité du débiteur à lui délégué par sa femme retombera sur elle: car il suffit qu'il soit *sine dolo et culpa* (D. *solut. mat*. l. 49).

La chose dotale a été estimée, et il a été convenu que la femme pourrait demander à la dissolution du mariage, soit la chose même, soit son estimation. La femme demandant l'estimation, le mari supporterait la perte ou la détérioration. Si le choix appartient au mari, et il lui appartiendrait, en sa qualité de débiteur, par cela seul que l'époux devant faire le choix n'aurait pas été désigné, il peut restituer la chose en nature, quoique détériorée, pourvu que la détérioration ne lui soit pas imputable; mais la chose est encore à ses risques et périls en ce sens que si elle n'existe plus, il devra payer le montant de l'estimation (D. *de jure dot.* l. 10, p. 6 et 11).

Le mari obligé de veiller à la conservation de la chose dotale, est responsable des prescriptions acquises sur elle et imputables à sa négligence. Voici le texte de la loi 16 *de « fundo dotali* au Digeste : « Si fundum quem Titius possi« debat bona fide, et longi temporis possessione poterat sibi « quærere, mulier ut suum marito suo dedit in dotem, eam« que petere neglexerit vir, cum id facere posset, rem peri« culi sui fecit. » Mais le mari sera dégagé de toute responsabilité, s'il n'a pas eu un temps suffisant pour agir avant l'accomplissement de la prescription : « Plane, si paucissimi « dies ad perficiendam longi temporis possessionem super« fuerunt, nihil erit quod imputabitur marito. » Comment, en effet, ne pas excuser le mari, lorsqu'au moment où la prescription est sur le point de s'accomplir, il ignore encore les droits de sa femme, ou bien lorsque les connaissant, le temps lui manque pour réunir les titres indispensables pour l'éviction du possesseur?

Nous avons vu que la responsabilité du mari est nulle lorsqu'il a été privé de la chose dotale, par suite d'un acte de sa femme, comme lorsqu'elle lui a ordonné de faire acceptation au débiteur qu'elle lui avait délégué *dotis nomine*. Il faut aller plus loin, et décider que dans certains cas le mari aura une action contre la femme elle-même par suite de la perte de la dot. Ce cas se présente lorsque la constitution ayant eu lieu *post nuptias*, on pourra dire par suite de la perte survenue, non pas qu'il n'y a plus de dot, mais qu'elle est perdue pour le mari (D. *de jure dot.* l. 36). Ainsi la chose dotale a été estimée, et le mari en a été évincé; il pourra agir contre la femme par l'action *ex empto*, ou mieux encore demander, en vertu de la stipulation tacite *duplæ*, le double de l'estimation, sauf à restituer, à la dissolution du mariage, tout ce qu'il aura reçu (*eod.*, l. 16). Si la chose dotale n'a pas été estimée, mais si elle a fait l'objet d'une stipulation, l'action dérivant de la stipulation lui sera ouverte. Enfin s'il n'y a eu ni estimation ni stipulation ou promesse, et si les biens ont été donnés de bonne foi, l'éviction ne permettra pas au mari d'agir; mais s'il y a eu dol, il aura l'action de dol, à moins que ce ne soit la femme qui ait commis le dol, cas auquel cette action se transformerait en une action *in factum*, parce qu'une action entraînant l'infamie ne peut pas être donnée entre mari et femme (Cod. *de jure dot.* l. 1).

En somme, une action est possible pour le mari, toutes les fois que la constitution et la perte de la dot ont eu lieu *post nuptias*. Il faut assimiler à ce cas celui où la constitution a précédé le mariage, la perte n'étant survenue qu'après son accomplissement ; car alors il est encore vrai de dire que le mari subit la perte de la dot. Dans les mêmes cas, la femme elle-même peut agir, quoique non propriétaire ; elle y a un intérêt ; car l'éviction l'a privée de sa dot ; ceci, bien entendu, si la femme n'est pas définitivement responsable de la perte.

CHAPITRE IX.

DÉFENSE PORTÉE PAR LA LOI *JULIA*.

La première restriction faite au droit du mari sur la dot fut l'obligation à lui imposée, de la restituer d'abord au constituant, ainsi que nous l'avons vu, et puis à la femme elle même, comme nous le verrons bientôt; et tout ce que nous avons dit de la responsabilité du mari est nécessairement postérieur à cette première restriction. La seconde restriction est due à la loi *Julia*, de laquelle date réellement l'organisation du régime dotal; en effet, le mari, restant propriétaire de la dot pendant le mariage, pouvait l'aliéner, et dès lors rendre illusoire le recours de la femme, en changeant en une créance son droit futur de propriété. Cette loi, introduite dans un but de conservation de la dot, car la privation de cette dot serait peut-être devenue un empêchement aux seconds mariages des femmes, défendit au mari d'aliéner le fonds dotal sans le consentement de la femme, et de l'hypothéquer même avec ce consentement. Pourquoi cette impossibilité de l'hypothèque? C'est parce que la femme ne pouvait pas donner un cautionnement valable; or, quand elle s'obligeait avec son mari, on pensait qu'elle s'obligeait dans l'intérêt de celui-ci et pour donner aux tiers des sûretés.

La loi *Julia* ne s'est préoccupée que des immeubles dotaux, ainsi que le prouvent les expressions *de fundo dotali, dotale prædium*. Il faut conclure de là que le mari pouvait de son seul mouvement aliéner la dot mobilière. Nous trouvons du reste dans les textes des applications de ce droit du mari; ainsi, il peut faire novation de la créance dotale (D. *jure. dot.* l. 35), ou même remise de la dette, par acceptilation (D. *solut. mat.* l. 66, p. 6), sauf sa responsabilité qui peut, par suite de cet acte, se trouver engagée envers la femme.

La prohibition de la loi était restreinte au fonds dotal, et au fonds dotal italique; la question de savoir si cette prohibition concernait aussi les fonds provinciaux, n'était pas encore résolue au temps de Gaïus, ainsi qu'il nous l'apprend lui-même : « quod quidem jus utrum ad italica tantum prædia, an etiam ad provincialia pertineat, dubitatur (Gaii. Com. II, 63).

Enfin, cette loi n'est applicable qu'au fonds dotal non estimé, car c'est le seul dont la restitution s'opère en nature. Cependant on l'applique si, le fonds dotal ayant été estimé, on a laissé à la femme le choix de répéter le fonds ou le prix d'estimation (*Cod. de fund. dot.* l. 1).

L'inaliénabilité, telle que l'établit la loi *Julia*, ne commence pas seulement avec le mariage ; l'aliénation du fonds dotal est défendue même au fiancé (D. *de fundo dot.* l. 4). Et la protection de la loi s'étend sur le fonds, même après la dissolution du mariage, jusqu'au moment où l'action en répétition de la dot est définitivement perdue (D. *Eod.* l. 3).

Ce qui est prohibé, ce n'est pas seulement l'aliénation totale, mais aussi l'aliénation partielle, comme toute constitution de droits réels, ou tout acte qui diminuerait le droit de propriété. Ainsi, le mari ne peut ni perdre les servitudes dues au fonds dotal, ni en imposer sur ce fonds, bien que celles établies antérieurement au mariage continuent de subsister (*Eod.* l. 5). Et si le mari avait acquis un fonds devant une servitude au fonds dotal, et qu'ensuite ce fonds fût rendu à son ancien propriétaire, sans que la servitude éteinte par la confusion eût été rétablie, la femme aurait une action en indemnité contre le mari, et si le mari était insolvable, une action utile contre ce propriétaire pour faire revivre la servitude. Si le fonds servant appartenait au mari, celui-ci ne saurait être responsable de la confusion ; mais à la dissolution du mariage le juge ordonnerait la réintégration de la femme dans la servitude.

On doit entendre par fonds dotal tout immeuble, soit urbain, soit rustique, c'est-à-dire tant les édifices que les fonds de terre; la loi *Julia* s'applique à tous indistinctement, et quel que soit le constituant. De plus, ce qui est vrai du tout est vrai d'une partie; la loi serait donc applicable, si la dot était non d'un fonds, mais d'une partie d'un fonds. (*Eod.*, l. 13.)

Si la constitution de dot a rendu le mari débiteur de deux choses, sous une alternative, « *Cornelianum aut Sempronianum fundum,* » le mari, en sa qualité de débiteur, peut choisir, si d'ailleurs le choix n'a pas été laissé à la femme, celle qu'il lui plaira de restituer, et par conséquent, aliéner celle qu'il n'a pas choisie comme dotale; il peut même, s'il rachète celle-ci, aliéner la première (*eod.*, l. 9).

L'aliénation doit s'entendre de l'aliénation volontaire, et non de l'aliénation forcée. La loi ne s'appliquera donc pas si l'aliénation résulte, par exemple, de ce que le mari, n'ayant pas donné au propriétaire voisin la caution *damni infecti*, ce propriétaire a été envoyé en possession et a reçu l'ordre de posséder; celui-ci pourra devenir propriétaire de l'immeuble dotal. Elle ne s'appliquera pas non plus au cas de l'aliénation résultant de l'exercice de l'action *communi dividundo* intentée contre le mari (Cod., *hoc tit.* l. 2).

Si le mari a le consentement de sa femme, il peut tout sur l'immeuble dotal, sauf la restriction relative à l'hypothèque; ainsi, il pourra le vendre ou l'échanger. S'il le vend en tout ou en partie, le prix qu'il retire de la vente devient dotal (D. *de jure dot.*, l. 32). Quant à l'échange, en supposant que la femme n'y eût pas consenti, le mari ne pourrait pas forcer celle-ci à recevoir la chose substituée. Même en supposant ce consentement, l'échange n'est permis qu'autant qu'il doit être de quelque utilité pour la femme (*si hôc mulieri utile est*).

En prohibant l'aliénation du fonds dotal en l'absence du consentement de la femme, la loi *Julia* l'a rendu imprescriptible. Cependant elle n'arrête pas dans ses effets la prescription de longtemps, qui aurait commencé avant le mariage sur un fonds que la femme aurait donné en dot comme sien ; sauf le recours contre le mari, s'il a pu interrompre la prescription (D. *de fundo dot.* l. 16). L'imprescriptibilité cesse d'après la loi 30, au Code *de jure dot.*, du moment où la femme a repris le libre exercice de ses droits, c'est-à-dire *post dissolutum matrimonium*.

CHAPITRE X.

RESTITUTION DE LA DOT.

La première atteinte portée au droit de propriété du mari sur la dot, avait été le droit de retour introduit en faveur du constituant *solatii causa*, dans le cas de la dot profectice. Une atteinte plus grave, due à la fréquence des divorces, ce fut le droit pour la femme elle-même de se faire restituer sa dot, d'abord en vertu de la stipulation faite dans l'acte de mariage, et ensuite même en l'absence de la stipulation du droit de retour et par la seule force de l'action prétorienne *rei uxoriæ*. Le droit d'agir en restitution fut concédé à la femme et dans le cas de divorce et dans le cas de prédécès du mari. Tel fut le droit jusqu'à Justinien.

Mais la restitution pouvait-elle être opérée dans le cours du mariage? Non, elle était considérée, en dehors des deux cas précités, comme une donation prohibée en faveur de la femme, et donnait lieu comme telle à des restitutions en faveur du mari. (*Cod. si dos const.*).

Ainsi donc, le mari ne pourrait pas rendre la dot pendant le mariage. Mais cette règle a plusieurs exceptions, et le mari peut valablement la restituer :

1° Afin que la femme fournisse à ses besoins et aux besoins des siens (*ut se suosque alat*) ; il faut entendre par siens ses esclaves ;

2° Pour qu'elle en achète un immeuble convenable (*idoneum*). Le mot *idoneum* restreint la portée de cette exception au cas où l'immeuble conviendrait à un but quelconque qu'on se propose d'atteindre. Mais certains interprètes restreignent encore davantage l'exception en désignant le but, dont, suivant eux, il est question. Selon les uns, ce but serait le but même de la dot, et il faudrait entendre par *fundus idoneus* le fonds propre à subvenir aux charges du mariage avec une facilité plus grande ; selon d'autres, *fundus idoneus* désignerait le fonds pouvant servir de garantie au paiement d'une dette. Il semble cependant qu'on crée par là une limitation que rien n'indique. La première opinion est bien plus rationnelle, et je n'en veux pour preuve que la pluralité des hypothèses qu'on peut former pour donner au mot *idoneus* un sens limitatif; si le jurisconsulte avait eu en vue un cas particulier, il n'eût pas manqué de s'en expliquer, de peur qu'un autre ne se présentât à l'esprit ;

3o Pour qu'elle fournisse des aliments à son père exilé ou relégué dans une île, ou pour venir au secours d'un précédent mari, d'un père ou d'une sœur tombés dans la misère, ou même de toute personne qui lui tient de près, si nous nous reportons à la loi 20 *solut. mat.* Ces secours, volontaires tant de la part du mari que de la part de la femme, ne sont point considérés comme une donation faite par l'un à l'autre, d'autant plus que la restitution cesserait de valoir, si sa femme n'employait pas les choses restituées au service indiqué ; c'est ce qui ressort des expressions *non perditurae* de la loi 73, § 1, *de jure dot.*

4o Pour payer des dettes (D. *solut. mat.* l. 20). Il est vrai que la loi 28, D. *de pact. dot.*, regarde comme une pure donation le paiement d'une dette de la femme avec les fruits de la dot, ce qui impliquerait *à fortiori* la même idée, lorsque le paiement est fait avec la dot même. Mais il faut supposer que la femme a plus d'utilité à la vente de la dot qu'à sa conservation.

Telles sont les exceptions à la règle que le mari ne peut pas valablement faire une restitution anticipée de la dot.

Mais la femme n'a-t-elle jamais le droit d'exiger cette restitution? Oui, dans un cas unique, lorsque la dot est en péril par suite de l'insolvabilité du mari (D. *solut. mat.* l. 24) ; et ce droit lui est ouvert à partir du moment « ex quo evidentissime apparuerit mariti facultates ad dotis exactionem non « sufficere; » et elle l'exerce par l'action qu'elle aurait eue si elle avait divorcé ; car on feignait qu'il s'agissait d'un divorce jusqu'à Justinien qui rejeta cette fiction. (Cod. *de jure dot.*, l. 30, *in fine*).

Etudions maintenant les cas ordinaires de restitution.

A qui la dot doit-elle être rendue? A la femme elle-même, si elle est *sui juris;* et celle-ci ne peut pas exiger que le mari promette la restitution à un autre qu'à elle (D. *solut. mat.* l. 2). La femme est-elle en puissance, lors même que la dot est profectice, nous savons qu'elle ne peut être exigée ni payée du consentement seul du père, car *ipsius et filiæ dos est*; on regarde cependant le défaut d'opposition de la part de la fille comme un signe d'adhésion. Si le père est en démence *soluto matrimonio*, son curateur pourra, *voluntate filiæ*, demander la dot, et, s'il ne le veut pas, on permettra à la fille d'agir, en lui faisant donner toutefois la caution *de rato* (D. *eod.* l. 22 p. 10). Cette permission lui sera accordée encore, si le père est en captivité.

Par qui la dot doit-elle être restituée? Par le mari, « sive « ipsi dos data sit, sive alii ex voluntate mariti, vel subjecto « juri ejus, vel non subjecto. » Si le mari est un *filiusfamilias*, et si la dot a été remise à son père, la femme agira contre ce dernier; de même aussi, lorsque par son ordre elle l'aura donnée à son mari. Sabinus et Cassius donnaient l'action contre le beau-père, lors même que la dot avait été donnée au mari *non jussu patris*, car la dot lui est arrivée en entrant dans le pécule. Mais alors l'action est restreinte à ce qui est dans le pécule, et à ce qui de la dot a enrichi le père (*in peculio vel si quid in rem patris versum est*). Si la dot avait été donnée à ce beau-père, on ne pourrait point agir contre le mari, *nisi patri hæres exstiterit* (D. *solut. mat.* l. 22, § 12).

On donne à la femme qui a pris pour mari un homme qu'elle croyait libre et qui était esclave, une espèce de privilége qui la fait primer tout créancier autre que le maître de cet esclave, et qui la fait primer même celui-ci sur les choses données en dot ou acquises avec la dot; *quia et hæ dotales sint* (*eod.*, § 12).

Demandons-nous maintenant ce que doit restituer le mari ou son héritier. Il faut distinguer à cet égard s'il y a eu ou s'il n'y a pas eu estimation des choses dotales; aucune distinction n'est faite d'ailleurs entre les meubles et les immeubles. Pour les choses, tant mobilières qu'immobilières, que le mari a reçues sans estimation, il doit les rendre en nature; il faut cependant faire une exception pour les choses appréciables au poids, au nombre ou à la mesure; car Gaïus (D. *de jure dot.* l. 42) les met aux risques et périls du mari sur ce motif, « quia in hoc dantur, ut eas maritus ad arbitrium « suum distrahat, et quandoque soluto matrimonio, ejusdem « generis et qualitatis alias restituat. » Quant aux choses qui ont été estimées, il faut faire une sous-distinction : a-t-il été convenu que l'estimation avait uniquement pour but de déterminer l'indemnité due par le mari en cas de perte ou de détérioration à lui imputable, à la dissolution du mariage la chose estimée elle-même doit être rendue, si elle existe encore. A défaut de toute stipulation, l'estimation a opéré une véritable vente et a rendu le mari propriétaire incommutable, d'où il résulte qu'il supportera les détériorations éprouvées par la chose; ce qu'il doit restituer, c'est le prix de l'estimation.

Si la femme avait été lésée par une estimation véritablement inférieure à la valeur de la chose, le mari pourrait à son choix restituer ou le montant d'une juste estimation ou bien la chose elle-même. Mais si la chose avait péri, Marcellus était d'avis que la femme n'avait droit qu'au prix de l'estimation faite, *quia boni consulere mulier debet, quod fuit æstimatus (servus)*; la femme doit être satisfaite; l'estimation, si faible qu'elle soit, lui procure un bénéfice, car à défaut d'estimation, la perte eût été pour elle. Cependant s'il y a eu dol de la part du mari, il devra la juste estimation.

Si la lésion consistait à avoir donné en dot avec estimation une chose qu'il était de l'intérêt de la femme de conserver, elle pourrait agir pour se faire restituer cette chose même (D. *de jure dot.* l. 12).

De même que la femme, le mari obtiendrait la réparation du préjudice que lui occasionnerait une estimation trop forte; et en effet la loi 6, § 2 (*eod.*) est ainsi conçue: « Si in dote « danda circumventus sit alteruter, etiam majori annis viginti « quinque succurrendum est : quia bono et æquo non con- « veniat, aut lucrari aliquem cum damno alterius, aut dam- « num sentire per alterius lucrum. » Ce résultat équitable était obtenu au moyen de l'action *rei uxoriæ*.

Que devra rendre le mari qui a reçu en dot non de la femme, mais du propriétaire l'usufruit d'un fonds? Il semble qu'il ne devra rien, car en cédant *in jure* l'usufruit à un autre qu'au nu-propriétaire, il ferait profiter de la cession le nu-propriétaire et non cet autre. Voici ce que propose Pomponius pour échapper à cette difficulté: le mari pourra simuler une location ou une vente (*nummo uno*) de l'exercice de son droit d'usufruit; et ainsi le droit d'usufruit continuera de subsister sur sa tête; et la femme aura la jouissance de ce droit. (D. *de jure dot.* loi 66).

La chose dotale n'existe plus entre les mains du mari, parce que, par exemple, un tiers l'a soustraite ou détruite; mais on ne peut reprocher au mari ni dol ni fraude; il sera, en pareille hypothèse, libéré par la remise des actions qu'il avait en sa qualité de mari touchant cette chose (D. *sol. mat.* l. 18 *in fine*).

Le mari a, malgré la femme, affranchi l'esclave dotal, qui à sa mort l'a institué pour héritier; que devra-t-il restituer à la femme? Papinien répond: « Portionem hæreditatis, quam « ut patronus consequi potuit ac debuit, restituere debet; « alteram vero portionem, dolis judicio, si modo uxor manu- « mittenti refragatur (D. *eod.* l. 61); mais si la femme ne s'était pas opposée à l'affranchissement, le mari ne devrait pas *alteram portionem*, car sa dette se borne à ce qu'il a pu obtenir comme patron; cette dette du reste est ainsi limitée en tant seulement qu'il n'a pas usé de dol *quo minus ad eum perveniat*.

Si par le résultat du dol du mari, la restitution à faire n'a pu être faite, il sera condamné *quanti mulier in litem juraverit*.

La femme ne serait point obligée, parce que son mari aurait subi une *capitis deminutio*, d'avoir recours à une *restitutio in integrum* pour faire revivre l'obligation de restitution de la dot; la *capitis deminutio* ne produit pas sur cette obligation les mêmes effets que sur les autres; elle ne l'éteint pas, et Gaïus nous en donne la raison... « quia civilis ratio natura- « lia jura corrumpere non potest. Itaque de dolo actio, quia « in bonum et æquum concepta est, nihilominus durat etiam « post capitis deminutionem (D. *de cap. minut.*, l. 8).

CHAPITRE XI.

DE L'EXCEPTION *NON NUMERATÆ DOTIS*.

Il était d'habitude à Rome d'écrire dans l'acte dotal que la dot avait été donnée au mari, quoique celui-ci n'eût encore rien reçu. Plus d'une femme dut sans doute demander la condamnation du mari, en arguant de la déclaration portée dans le contrat et qui était mensongère. Alors on fit contre la femme ce qu'on avait fait contre les usuriers : les empereurs Sévère et Antonin déclarèrent que la dot ne résultait pas de ce qui avait pu être écrit dans l'acte dotal, mais de la numération des espèces, et ils mirent ainsi la preuve de cette numération à la charge de la femme. Lors donc que la femme réclame une dot que l'acte dotal mentionne comme ayant été donnée, tandis qu'elle a été seulement promise d'après la déclaration du mari, celui-ci peut opposer à la réclamation de la femme l'exception *non numeratæ dotis*, et la forcer ainsi à prouver que la dot a été réellement donnée ; mais il ne peut pas l'opposer s'il a eu, lorsqu'il a reconnu faussement avoir reçu une dot, l'intention de faire à sa femme une donation qu'il n'a pas révoquée (Cod. *de dote caut.* l. 2).

Avant qu'on n'eût imaginé cette exception, le mari auquel on avait fait promettre de restituer une somme plus considérable que celle formant le montant de la dot reçue, ne restait pas toujours sans défense contre ceux qui agissaient en vertu de cette promesse. En effet, la loi 66, p. 4, (D. *sol. mat.*) est ainsi conçue ; Mulier quæ centum dotis apud virum habebat, « divortio facto ducenta a viro errante stipulata erat : Labeo

« putat, quanta dos fuisset, tantam deberi, sive prudens mu-
« lier plus esset stipulata, sive imprudens : Labeonis senten-
« tiam probo. » Si l'action ne subsiste que dans l'étendue de la dot, c'est que l'obligation reste sans cause pour le surplus, cas auquel l'action peut être paralysée par l'exception de dol (D. *de dol. mal. except.* l. 2, p. 3). Cependant il est dit à la loi 21 *de verb. signif.* que si, après le divorce, la femme qui a une dot de 100, a stipulé la restitution de 200, elle pourra répéter 100 par l'action *ex stipulatu*, et les 100 autres par l'action *rei uxoriæ*; et que si, n'ayant pas de dot, elle a stipulé la restitution de 100, l'action sera valablement intentée pour ces 100. Ces deux lois s'accordent parfaitement; car l'obligation n'est pas ici sans cause; on ne suppose pas, en effet, que le mari a été induit en erreur, puisqu'on compare l'hypothèse dont il s'agit à celle d'un legs fait par le mari à titre de dot, cas auquel le legs est valide, quoiqu'il n'y eût pas de dot, car « falsa demonstratio non perimit legatum; » si donc il n'y a pas d'erreur de la part du mari, il faut supposer, dans la loi 21, qu'il a voulu faire une donation; or, cette donation doit produire son effet, puisqu'elle est intervenue *post divortium*.

Non-seulement le mari qui par erreur a promis une dot avait l'exception de dol pour se défendre contre la demande de sa femme, mais encore, s'il avait payé, toujours par erreur, il pouvait répéter ce qu'il avait payé par la *condictio indebiti* (D. *sol. mat.* l. 32), car « qui exceptionem perpetuam
« habet solutum per errorem repetere potest » (D. *de condict. indeb.* l. 40).

L'exception *non numeratæ dotis* n'est évidemment que l'exception de dol *in factum composita;* elle était donc perpétuelle. Mais Justinien changea son caractère ; après l'avoir étendue quant aux personnes en l'accordant non-seulement au mari, mais aussi à ses héritiers, à son père ou à ses héritiers, et en un mot à toute personne que l'acte dotal supposerait avoir reçu la dot conjointement avec le mari, ce prince la restreint quant au temps et ne la laisse à la disposition de ces prétendus débiteurs que pendant un an continu à partir de la mort de l'un des deux époux ou de l'envoi de l'acte de répudiation (Cod. *de dote cauta*). Puis encore par sa Novelle 100, tout en conservant ce même délai pour le cas où la durée du mariage n'aurait pas dépassé deux ans, il le restreint dans les autres hypothèses. Ainsi, le mariage a-t-il duré de deux à dix ans, l'exception protégera le mari ou son héritier pendant trois mois seulement à compter de la dissolution du mariage; et s'il a dépassé dix ans, elle ne sera plus recevable.

CHAPITRE XII.

DE LA RESTITUTION DE CERTAINS FRUITS DOTAUX.

L'obligation de restitution ne comprend pas seulement les biens dotaux proprement dits ; elle s'étend encore à une certaine portion des fruits de la dot. Et en effet, les fruits de la dernière année se partagent entre le mari et la femme proportionnellement au temps que le mariage a duré pendant cette dernière année ; la dot elle-même est considérée comme *minorem*, incomplète, lorsque la femme l'a reçue sans qu'il lui fût tenu compte de sa part dans ces fruits (D. *sol. mat.* l. 31, p. 4). Voici comment on procède pour la répartition : on fait une masse de tous les fruits dotaux pendant cette dernière année, en y comprenant les fruits qui sont encore à échoir : pecunia messium in computationem cum spe futuræ vindemiæ veniet (*eod.* l. 7, p. 3). Cette masse étant formée, on prélève d'abord les frais que ces fruits ont occasionnés, tels que ceux de semence et de récolte, car « fructus eos esse « constat, qui deducta impensa supererunt ; le surplus se divise ensuite entre les époux dans la proportion du temps qu'a duré le mariage dans la dernière année. Ainsi, le mariage a duré, par exemple, dix ans et trois mois ; le mari conserve tous les fruits perçus dans les dix années entières, et il prend sur ceux de la dernière un quart, et la femme les trois autres quarts ; le quart attribué au mari est la représentation des charges qu'il a supportées pendant les trois derniers mois ; ce système est donc de la plus grande équité.

A partir de quel jour commencera la première année du mariage ? commencera-t-elle au premier moment même du mariage, ou bien seulement au jour auquel le mari aura été mis en possession de la dot ? L'année sera censée commencer à ce dernier jour (*eod.* l. 5).

Il est des fruits qui se récoltent plusieurs fois dans l'année ; d'autres qui ne se récoltent qu'au bout d'un certain nombre d'années. On compte alors pour une année la période de temps nécessaire pour faire une récolte (*eod.* p. 6).

CHAPITRE XIII.

DE L'ÉPOQUE A LAQUELLE DOIT SE FAIRE LA RESTITUTION DE LA DOT.

La nature des choses qui composent la dot détermine le moment de leur restitution. Pour les choses appréciables au poids, au nombre ou à la mesure, la dot se restitue par tiers, en trois termes d'un an chacun; le mari peut, en effet, et sans qu'il y ait aucune négligence à lui reprocher, ne pas avoir en sa possession ce qui forme l'objet de son obligation; car il ne doit pas rendre identiquement les choses qu'il a reçues, mais des choses semblables; le délai qui lui est accordé lui permettra de se les procurer. Pour les choses autres que celles appréciables au poids, au nombre ou à la mesure, le mari est tenu de les restituer immédiatement (Ulp. *fragm.*, tit. VI, § 8); car il les a en sa possession ou il ne les a pas. S'il les a, pourquoi les garderait-il un seul instant après la dissolution du mariage? Et s'il ne les a pas, c'est ou ce n'est pas sa faute; si c'est par sa faute, on ne comprendrait pas un délai qui lui serait procuré par cette faute; et si ce n'est pas par sa faute, il est libéré de son obligation de restituer.

CHAPITRE XIV.

DES DROITS DE RÉTENTION SUR LA DOT.

Voyons maintenant quelles sont les retenues qui peuvent être opérées par le mari sur la dot. Les retenues ont lieu « propter liberos, propter mores, propter res donatas, propter « res amotas, propter res impensas. »

SECTION PREMIÈRE.

Du droit de rétention *propter liberos*.

Deux conditions sont nécessaires pour que le mari puisse opérer une retenue sur la dot *propter liberos*; il faut: 1° que le divorce soit arrivé par la faute de la femme ou de celui en la puissance duquel elle se trouve, et 2° qu'il soit né des enfants du mariage. Ces deux conditions devant concourir, cette retenue n'est pas donnée par conséquent uniquement en compensation de la charge qu'impose au père l'éducation de ses enfants, de même qu'elle ne lui est pas uniquement accordée par le résultat d'une punition infligée à la femme, pour sa faute. Quand y a-t-il faute de la femme? Il y a faute de la femme, lorsque le divorce procède de son inconduite, quoique la répudiation ait été faite par le mari, et aussi lorsqu'elle a répudié sans motif suffisant. Alors le mari retient un sixième de la dot par chacun des enfants nés du mariage, parce que leur entretien reste à sa charge, et qu'il faut punir la femme; mais il ne pourra jamais retenir plus de trois sixièmes, quel que soit le nombre des enfants. De plus, il ne peut obtenir ces sixièmes que par voie de rétention, jamais par voie de demande (Ulp. *fragm.* t. VI, § 10) : tout droit du mari est donc définitivement perdu à cet égard, s'il a restitué la dot, sans opérer la retenue.

A partir de Constantin, il n'est plus question de ces sixièmes ; c'est la dot entière qui est perdue pour la femme à laquelle on peut reprocher le divorce. Justinien confirme ce droit.

SECTION II.

Du droit de rétention *propter mores*.

Le mari retient *propter mores* un sixième de la dot, lorsque l'inconduite de la femme a été grave, c'est-à-dire lorsqu'elle a été adultère ; il retient un huitième, si l'inconduite a été légère (*eod.* § 12). Cependant « cum mulier viri lenocinio

« adulterata fuerit, nihil ex dote retinetur ; cur enim improbet « maritus mores quas ipse ante corrupit aut postea probavit ? » (D. *sol. mat.* l. 47). La loi 39, *eod.* fournit encore une exception à la règle de la retenue *propter mores* : « Viro atque « uxore mores invicem accusantibus, causam repudii utrum- « que dedisse pronunciatum est : id ita accipi debet, mutua « pensatione dissolvuntur. » Le divorce ne procède pas ici de la seule inconduite de la femme ; or, l'inconduite du mari, qui y a contribué, est un délit punissable, et dont la peine entre en compensation avec celle qui atteint la femme.

Lorsque le divorce procède de la seule inconduite du mari, la peine qui doit le frapper est déterminée par des règles différentes de celles imaginées contre la femme : pour une faute grave ; elle consiste, si la dot est de celles qui se restituent en trois termes d'un an chacun, à la rendre immédiatement, et pour une faute légère, à la restituer en trois termes de six mois chacun. Dans le cas d'une dot restituable immédiatement, la peine sera dans l'obligation de restituer en outre autant de fruits qu'il en est assuré à la femme, quand la restitution de la dot ordinairement remboursable en trois ans, est avancée ; ce qui revient à dire que ce qu'il perd dans un cas par la déchéance totale ou partielle de son délai, il le perdra, dans le second, par la restitution d'une quantité de fruits égale à celle dont le priverait la déchéance du délai.

SECTION III.

Du droit de rétention *propter res donatas.*

Les donations étant prohibées entre époux, la femme donataire n'a aucun titre pour retenir ce qui lui a été donné. La première question qui se présente est celle de savoir quelles étaient les donations prohibées ; étaient prohibées, celles faites après le mariage contracté, quoique toutes les solennités n'eussent pas encore été accomplies (D. *de don. int. vir. et ux.* l. 66), et encore celles que faisait un fiancé à sa fiancée, sous la condition qu'elle ne serait propriétaire de la chose donnée qu'après le mariage. Mais ne serait pas nulle toute autre donation, comme celle faite avant le consentement au mariage, ou bien celle qui suivrait le divorce, pourvu que le divorce n'eût pas été simulé (*eod.* l. 27). Si le mari a, dans le but de faire une donation à sa femme, estimé la chose dotale au-dessus de sa valeur, il n'y a pas précisément lieu à une retenue, mais le résultat sera le même, car au lieu de restituer l'estimation, il pourra restituer la chose estimée (*eod.* 7, § 5) ; du reste, la même décision est applicable à la femme donatrice ; si donc elle prétend qu'elle a laissé donner, pour faire une libéralité à son mari, une estimation inférieure à la valeur de la chose dotale, elle pourra arriver à se faire restituer la chose même.

Il n'y a lieu à aucune retenue :

1° Si la donation était à cause de mort ; cette sorte de donation reste licite, « quia in hoc tempus excurrit donationis « eventus, quo vir et uxor esse desinunt ; » avec cette restriction que la propriété de la chose donnée repose sur la tête du donateur jusqu'à sa mort. Cette donation est infirmée, si la femme divorce. (*Eod.* l. 11, p. 10) ;

2° Si la donation est faite pour cause de divorce ; il s'agit ici des donations « quæ tamen sub ipso divortii tempore, non « quæ ex cogitatione quandoque futuri divortii fiunt ; » elles sont valides, parce qu'elles ne peuvent être la conséquence des obsessions et de la cupidité de l'époux donataire ;

3° Si la donation est faite pour cause d'exil (*eod*. l. 43) ;

4° Si elle ne diminue pas les facultés du donateur ; ou si les diminuant, elle n'enrichit pas le donataire ;

5° Si la donation est un *munus modicum*.

Le mari peut durant le mariage revendiquer les choses données, *si res exstant* ; *si consumptæ sunt*, il a la *condictio* jusqu'à concurrence de ce dont la femme s'est enrichie. De plus, pendant comme après le mariage, il a l'action *ad exhibendum* ou *damni injuriæ*, si les choses ont péri ou ont été consommées par suite du dol de la femme (*eod*. l. 5 *in fine* et l. 37). Si la chose a été transformée en une autre, si, par exemple avec la laine qu'il a donnée, la femme a confectionné des vêtements, les vêtements appartiennent à celle-ci, mais le mari a une action utile pour les répéter (*eod*., l. 30).

Depuis Antonin, il n'y a pas de donation prohibée entre époux ; mais l'époux donateur conserve jusqu'à sa mort le *jus pœnitendi* ; son héritier n'a pas le droit de reprendre la chose donnée (*eod*., l. 32, § 2). Justinien veut de plus par sa novelle CLIII, cap. 1, que les donations, même consistant en simples promesses, soient confirmées par la mort du donateur.

SECTION IV.

Du droit de rétention *propter res amotas*.

Le mari peut opérer une retenue sur la dot *propter res amotas*, lorsque la femme lui a soustrait certaines choses. Il a même pour se faire rendre ces choses, une action spéciale, l'action *rerum amotarum*, qui lui sera fort utile, si la femme n'était pas dotée, ou s'il a restitué la dot sans faire de retenue, car *et cum dos nulla sit, eadem actio datur* (D. *de act. rer. amot.* l. 8).

Pour que l'action *rerum amotarum* soit ouverte, il faut :

1° Que la soustraction ait été commise par un époux au préjudice de l'autre ; ainsi, lorsqu'il n'y avait pas mariage, on ne donne pas cette action, mais l'action *furti* (*eod.* l. 17). Cependant *propter reverentiam personarum*, elle est donnée contre la femme qui aurait volé celui qu'elle aurait ensuite épousé (*eod.*, l. 3, p. 1). Elle est donnée contre la femme, quoique la soustraction ait été opérée non par elle, mais par son esclave agissant par son ordre, ou par des voleurs qu'elle aurait introduits chez son mari (*eod.*, l. 19) ;

2° Que la soustraction ait été commise en vue d'un divorce qui a eu lieu en effet (*eod.*, l. 25).

Durant le mariage, le mari n'a donc pas cette action, ni bien entendu l'action *furti* ; mais il peut *condicere* les choses soustraites (*eod.*, l. 25). Il aurait l'action *furti*, si la soustraction était postérieure au divorce.

L'action *rerum amotarum* n'est ni pénale, ni infamante ; on l'a même imaginée *in honorem matrimonii*, pour éviter l'infamie de l'action *furti*. Elle est *rei persecutoria* (Cod. *eod. tit.* l. 2). Mais elle n'admet pas le bénéfice de compétence ; car il s'agit d'une espèce de vol (D. *eod.* l. 21, p. 6.)

SECTION V.

Du droit de rétention *propter res impensas.*

Afin de connaître les droits du mari, à propos des dépenses qu'il aurait faites sur les choses dotales, il faut distinguer la nature de ces dépenses.

Les dépenses peuvent être :

1° *Nécessaires.* — On appelle ainsi celles dont l'omission entraînerait la détérioration de la dot. Les dépenses nécessaires diminuent la dot *ipso jure* ; d'où, les conséquences suivantes : le mari peut retenir la dot jusqu'à parfaite indemnisation ; s'il l'a restituée, il peut répéter le montant de ces dépenses par la *condictio indebiti* ; enfin, on n'aurait pas pu convenir qu'il n'en serait tenu aucun compte (D. *de pact. dot.*, l. 5).

Quelle est des choses dotales celle qui supportera la diminution? si la dot embrasse à la fois des corps certains et de l'argent comptant, l'argent comptant sera seul diminué : « Ubi ergo admittimus deminutionem dotis ipso jure fieri? « Ubi non sunt corpora, sed pecunia : nam in pecunia ratio « admittit deminutionem fieri. » La femme rembourse-t-elle son mari, ce n'est pas l'ancienne dot qui est reconstituée ; seulement la dot a augmenté ; c'est là encore une conséquence de la diminution opérée *ipso jure*. Si la dot est un corps certain, un fonds, par exemple, la dot est diminuée en ce sens que le fonds cessera en tout ou en partie d'être dotal. Cela paraît être du moins l'avis d'Ulpien. Mais Paul (D. *de jure dot.* l. 56, p. 3) entend la règle que les dépenses nécessaires diminuent la dot *ipso jure*, non pas en ce sens que le fonds pourra cesser d'être dotal en tout ou en partie, mais en ce sens que le mari pourra le retenir, si on ne l'indemnise pas complètement. Scévola admettait que le fonds cessait d'être dotal, lorsque sa valeur avait été égalée par des dépenses nécessaires faites à diverses reprises. Paul, qui rapporte cette opinion, en montre l'iniquité : si on suppose, dit-il, que le fonds a cessé d'être dotal, il faut dire qu'il est devenu aliénable; or, cette aliénation ayant été faite et la femme indemnisant ensuite son mari, quel parti choisira-t-on ? dira-t-on que le fonds aliéné est redevenu dotal par le remboursement opéré? Mais c'est bien embarrasser le tiers acquéreur, et aussi le mari par suite de son obligation de garantie. Et si on préfère dire que l'argent donné par la femme vient accroître la dot, qui ne voit alors l'injustice du changement survenu dans la nature de la dot, sans que la femme y ait consenti ?

On considère comme dépenses nécessaires celles qui sont faites pour réparer un vieil édifice, pour rendre la santé à des esclaves, etc. Mais on n'y fait point entrer les dépenses modiques; tel serait le cas où le traitement de l'esclave n'aurait pas été fort coûteux. On peut se demander pourquoi l'on tient compte des dépenses modiques au *negotiorum gestor*, et non pas au mari dans le *judicium de dote*; cela vient de la différence qui les sépare, quant aux fruits; le mari conserve les fruits qu'il perçoit; au contraire, le *negotiorum gestor* en reste comptable; il est donc logique que seul ce dernier puisse répéter les dépenses modiques (D. *de impens*. l. 12). Bien plus, les dépenses, quoique nécessaires, ne diminueront la dot qu'autant qu'elles seront en dehors de celles que doit faire le mari de ses revenus, et qui concernent l'entretien de la chose et la perception des fruits. Mais comment distinguer ces dépenses d'avec les autres? Ulpien considère à cet égard si les dépenses ont été faites pour l'utilité perpétuelle de la chose ou pour l'utilité des revenus qui n'appartiennent pas au temps présent, ou bien si elles ont été faites comme intéressant les revenus de la présente année; dans ce dernier cas, elles seront supportées par les fruits; mais dans le premier cas, les dépenses seront comprises dans celles nécessaires et donneront lieu pour le mari au droit de rétention (D. *eod.* l. 3). Si le mari avait négligé de les faire, le juge devrait le condamner pour tout l'intérêt qu'avait la femme à ce qu'elles fussent faites. Mais Paul signale cette différence capitale entre le droit du mari et le droit de la femme : « Sed hoc differt, quod factarum ratio habetur etsi res male gesta est ; « non factarum, ita, si ob id res male gesta est. Itaque si « fulserit insulam ruentem, eaque exusta sit, impensas « consequitur ; si non fecerit, deusta ea nihil præstabit (*eod.* « l. 4). »

2° *Utiles.* — Les dépenses utiles sont celles dont l'omission n'entraînerait pas la détérioration de la dot, mais dont l'exécution rendrait la dot plus productive, comme la plantation de vignes ou d'oliviers dans le fonds dotal. Le mari ne peut retenir la dot pour ces dépenses (1) que si elles ont été faites du consentement de la femme ; car il serait injuste de la priver de sa dot pour lui faire rembourser des dépenses qu'elle a ignorées, ou dont elle n'a pas voulu (*de verb. signif.* l. 79). La loi 8 *de impensis* est ainsi conçue : « Iniquum « enim esse compelli mulierem rem vendere, ut impensas « in eam factam solveret, si aliunde solvere non potest ; quod « summam habet æquitatis rationem. » On peut conclure de là, que le mari pourrait exiger les dépenses utiles faites même sans le consentement de la femme, si leur remboursement n'était pas trop onéreux pour elle.

Les dépenses utiles ne diminuent pas la dot *ipso jure* (*eod.*

(1) *Note.* Le mot *exactionem* a évidemment, par le fait de Tribonien, pris la place du mot *retentionem.*

l. 7); aussi le mari ne peut-il s'en faire tenir compte que par voie de rétention; s'il a restitué la dot sans rien retenir, il n'aura pas, pour répéter les dépenses utiles, la *condictio quasi indebito soluto*, qui, du reste, n'avait été admise qu'avec beaucoup de difficulté, même pour les dépenses nécessaires, et seulement sur ce motif que le mari pouvait compenser, et que *quis compensare potens solverit, condicere poterit quasi indebito soluto* (*eod.* l. 5, p. 2).

3° *Voluptuaires.* — Les dépenses voluptuaires sont celles dont l'omission n'entraînerait pas la détérioration de la dot, et dont l'exécution ne la rendrait pas plus productive; telles sont les décorations et les peintures faites dans une maison. Quant à elles, le droit du mari est bien borné; car elles ne permettent pas de retenir la dot, quand bien même elles auraient reçu l'adhésion de la femme (D. *de impens.* l. 11). Il y a lieu seulement à la restitution des dépenses voluptuaires, lorsque la femme ne veut pas permettre au mari d'enlever ce qui des choses qu'elles ont produites peut être détaché de la chose dotale; mais elle peut s'opposer à ce qu'il enlève ce qui ne pourrait être détaché sans détérioration du premier état de la chose (*eod.* l. 9). Le mari n'a même le droit d'enlever ce qui peut être détaché sans détérioration, qu'autant que ce qui peut être ainsi détaché pourra être de quelque utilité pour lui; c'est ce qui résulte de la loi 9 *in fine.* Dans le cas contraire, il serait considéré comme agissant pour le seul plaisir de nuire, et il ne serait pas écouté.

Nous n'avons fait aucune distinction entre le cas où la réclamation de dot est formée par la femme elle-même et celui où elle est formée par son héritier. C'est, qu'en effet, les deux cas sont identiques : « Si post divortium, mortua muliere,

« heres ejus cum viro, parenteve ejus agat, eadem videntur « de restituenda dote intervenire, quæ ipsa muliere agente « observari solent (D. *solut. mat.* l. 27). » Faut-il, de même, assimiler le droit du mari et celui de son héritier, quant aux retenues à faire sur la dot, lorsque, le mari étant mort, la femme forme sa réclamation? Non. D'abord, il est évident que cet héritier n'a aucun droit de rétention *propter liberos;* de plus, il ne peut rien retenir, à raison des mœurs de la femme. Mais il pourrait retenir, par exemple, *ob res donatas aut impensas* (D. *solut. mat.* l. 15).

CHAPITRE XIV.

DU BÉNÉFICE DE COMPÉTENCE.

Il nous reste à signaler, comme applicable aux époux, une faveur qu'avaient fait admettre certains liens de parenté, de confraternité ou de reconnaissance existant entre un débiteur et son créancier, et par suite de laquelle le débiteur pouvait, quel que fût le montant de sa dette, faire réduire la condamnation jusqu'à concurrence de ses facultés, et obtint même plus tard qu'on lui laissât *ne egeat.* Aucun texte ne donne la certitude que la promesse qu'avait le droit d'exiger le créancier de l'associé, pour ce que celui-ci ne pouvait pas payer présentement, pût être exigée du mari. Quoi qu'il en soit, le mari n'était pas assimilé au donateur; on ne déduisait donc pas ses dettes; d'où, lors même qu'on eût admis qu'il fallait lui laisser *ne egeat,* il pouvait se trouver privé du nécessaire, s'il avait d'autres créanciers que la femme (D. *solut. mat.* l. 54).

Le bénéfice de compétence, connu par les Romains sous le nom de *exceptio in id quod facere potest debitor*, était applicable au mari, non-seulement *dotis nomine*, mais encore dans l'action née pour la femme de tout autre contrat passé avec lui; et il parut équitable de faire profiter celle-ci de cette extension (D. *de re judic.* l. 20).

D'autres personnes que le mari et la femme prennent part à ce bénéfice, à savoir : le père du mari, actionné en restitution de la dot, par la raison qu'il est vis-à-vis de la femme, au rang d'ascendant (D. *solut. mat.* l. 15, p. 2); et aussi le père de la femme, actionné pour promesse de dot, excepté dans le cas où il serait actionné seulement après la dissolution du mariage, et où il aurait trompé le gendre en lui promettant une dot qu'il savait ne pas pouvoir fournir (D. *de jure dot.* l. 84); alors, en effet, il n'est plus *loco parentis*, et sa mauvaise foi l'a d'ailleurs rendu indigne de sa participation au bénéfice. Il faut encore ajouter à la série des personnes qui jouissent touchant la dot du bénéfice de compétence, celui qui, en faisant la promesse de dot, a agi en la seule qualité de donateur. Celui-là jouira même d'une faveur toute particulière; car, comme le paiement qu'il aurait fait de la dot n'aurait point été l'acquittement d'une dette véritable, la condamnation ne portera sur ses biens, que déduction faite d'abord de ses dettes, et ensuite d'une certaine somme pour l'empêcher d'être réduit à la misère (D.. *solut mat.* l. 54).

La remise de la dot au mari fils de famille le rend passible de l'action de dot, lui et aussi son père sur son pécule, quand même la chose dotale ne s'y trouverait pas. Mais le bénéfice de compétence amènera des résultats divers, suivant que l'on actionnera le fils ou le père ; si l'on actionne le fils, on prendra le pécule tel qu'il sera *rei judicandæ tempore*, et la condamnation portera sur le tout sans déduction d'aucune dette ; mais si le père est actionné, on déduira du pécule ce qui est dû à lui et aux personnes soumises à sa puissance (D. *solut. mat.* l. 53). Cette différence vient de ce que, considéré vis à vis du père, le pécule comprend seulement les biens qui sont affranchis de toute dette vis à vis de lui (D. *de pecul.* l. 5. p. 4).

Le bénéfice de compétence est une exception purement personnelle, et comme telle doit s'éteindre avec la personne qui en jouissait. C'est ainsi qu'au temps où il était permis à la femme d'assurer par fidéjussion la restitution de sa dot, le fidéjusseur ne jouissait pas du bénéfice (D. *de except.* l. 7). Cependant, on l'accorde, à raison de leur qualité, aux fils de la femme, héritiers du mari (D. *sol. mat.* l. 18) ; mais non pas aux autres héritiers, qui restent, comme le fidéjusseur, tenus *in solidum*, quoiqu'ils puissent cependant retenir une certaine portion de la dot, *ob res donatas aut amotas, aut impensas*.

La femme ne peut obtenir plus du *procurator* du mari que du mari lui-même. Celui-ci ne peut pas renoncer au bénéfice ; la renonciation qu'il aurait faite serait nulle comme contraire aux bonnes mœurs et s'éloignant des égards qui lui sont dus (*Kod.* l. 14). Si par ignorance, le juge avait condamné *in solidum* le mari *in judicio dotis*, celui-ci serait protégé par l'exception de dol (*Kod.* l. 17, p. 2) ; on ne peut donc pas se fonder sur la chose jugée pour lui enlever ce bénéfice. Enfin, ce bénéfice lui est accordé non-seulement vis-à-vis de la femme, mais encore vis-à-vis de l'héritier ou du père de celle-ci (*Eod.* l. 27), et même vis-à-vis du fisc, qu'une confiscation aurait rendu maître de la dot, *ne in perniciem mariti mulier punita sit* (*Eod.* l. 36).

CHAPITRE XV.

DE L'EXTINCTION DE L'ACTION *REI UXORIÆ*.

Nous avons déjà vu quand et comment naissait l'action de dot, à qui et contre qui elle était donnée, quelles étaient les règles spéciales qu'elle comportait. Il nous reste à montrer comment elle s'éteignait.

L'action *rei uxoriæ* s'éteint :

1° Par le remboursement intégral de la dot ; la dot est censée remboursée, lorsque la femme a accepté la novation de sa créance par expromission, c'est-à-dire lorsqu'elle a accepté une personne comme débitrice de la dot, au lieu et place de son mari. Cependant, l'action *rei uxoriæ* lui serait conservée, si elle avait été trompée par la délégation d'une personne insolvable (D. *sol. mat.* l. 22, p. 2) ;

2° Par la réintégration dans le mariage ; si la femme, après avoir divorcé, revient à son mari, *redintegrato matrimonio expirat judicium* ; quand même, l'action ayant été intentée, on serait arrivé à ce moment de la procédure qu'on désigne sous le nom de *litis contestatio* (*Eod.* l. 19) ;

3° Par l'acceptation que ferait la femme du legs qui lui aurait été laissé par son mari. En vertu d'un édit appelé *de alterutro*, et dont il est question au Code *de rei uxor*..., elle ne pouvait pas en même temps exercer l'action *rei uxoriæ* et profiter des libéralités testamentaires qu'il lui aurait faites ; elle devait opter entre l'un ou l'autre de ces avantages ; si donc elle acceptait le legs, elle ne pouvait plus exercer son action, et réciproquement.

4° Par la confiscation de la dot. Cette peine était encourue pour cinq crimes : *majestatis, vis publicæ, parricidii, veneficii, de sicariis* (D. *de bon. damn.* l. 3). La loi suivante, au même titre, réserve d'ailleurs au mari l'exercice de ses droits sur la dot confisquée. D'après la loi 5, si la femme a commis un crime qui n'emporte pas la confiscation de la dot, mais qui la rend *serva pœnæ*, le mari gagne la dot, comme si c'était la mort de la femme qui avait dissous le mariage. Justinien abroge cette peine et cette conséquence. Dans le cas où une partie seulement des biens de la femme aurait été confisquée, la femme conserverait son action pour se faire restituer le restant de sa dot (D. *sol. mat.* l. 21, p. 7).

CHAPITRE XVI.

DE L'APPLICATION DE L'ACTION *EX STIPULATU* A LA RESTITUTION DE LA DOT.

Tout ce qui vient d'être rapporté sur la restitution de la dot reste dit de l'action *rei uxoriæ*, désignée quelquefois aussi sous le nom d'action *de dote*, et qui dès le principe avait été classée dans les actions *bonæ fidei*, ce qui tendrait à prouver que le régime dotal est véritablement une importation étrangère. Mais la femme pouvait faire, à propos de la restitution qui l'intéressait, telle stipulation qui lui paraissait convenable, sous les réserves que nous avons faites en parlant des pactes dotaux; ainsi, par exemple, stipuler, jusqu'à Justinien, qui rendit cette stipulation inutile, que la dot adventice, si elle mourait dans les liens du mariage, serait restituée à ses héritiers; ainsi encore, stipuler que la dot serait restituée dans un délai moins long que le délai légal Dans tous ces cas, la femme ou ses héritiers avaient, lorsque le cas prévu se réalisait, l'action résultant de la stipulation. La femme pouvait encore stipuler, et nous allons voir qu'elle avait intérêt à le faire, que la dot lui serait restituée au cas de divorce ou du prédécès de son mari; alors elle avait le choix entre l'action *rei uxoriæ* et l'action *ex stipulatu*. De même, le constituant *extraneus*, ne pouvant jamais avoir l'action *rei uxoriæ*, devait, s'il voulait que la dot lui fût restituée à lui-même lors de la dissolution du mariage, stipuler le droit de retour, ou du moins faire à cet égard un pacte qui aurait engendré l'action *præscriptis verbis*; s'il avait fait une stipulation, l'action *ex stipulatu* lui était donnée en recouvrement de la dot. Or, cette action était, en sa qualité d'action *stricti juris*, de beaucoup plus rigoureuse vis-à-vis du mari que l'action *rei uxoriæ*. A la différence de cette dernière, elle ne comportait pas le bénéfice de compétence; elle obligeait le mari à restituer la dot, sans exercer aucune retenue, ni exiger aucun délai, et elle passait aux héritiers de la personne qui avait stipulé. De plus, nous venons de voir que l'acceptation par la femme du legs que lui aurait fait son mari, empêchait l'exercice de l'action *rei uxoriæ*; au contraire, si le retour de la dot avait été stipulé, elle pouvait en même temps et accepter le legs à elle laissé par la générosité de son mari, et agir en reprise de la dot par l'action *ex stipulatu, nisi specialiter pro dote ei maritus ea (legata) dereliquit.*

L'action *ex stipulatu* s'éteignait par la réintégration de la femme dans le mariage, en ce sens que jusqu'au moment d'une nouvelle dissolution elle restait inefficace (D. *de jure dot.* l. 13) ; mais si néanmoins l'action était intentée, le mari devait avoir le soin de demander au préteur, au moment de la rédaction de la formule, l'insertion de l'exception de dol, afin de repousser avantageusement la demande ; car cette action étant *stricti juris*, l'exception de dol n'y était pas sous-entendue.

CHAPITRE XVII.

INNOVATIONS DE JUSTINIEN.

Afin de donner une idée du dernier état du droit par rapport au régime dotal, nous avons réservé, pour en traiter maintenant, les innovations les plus importantes introduites par Justinien.

Nous avons vu comment la constitution de dot devint obligatoire pour le père sur ses propres biens, et ensuite même pour la mère, mais seulement *ex magna et probabili causa*, ou bien *lege specialiter expressa* ; et nous avons trouvé à la loi 19 au Code *de hæreticis* l'exemple d'une loi spéciale imposant à la mère l'obligation de dot. Les choses furent conservées en cet état par Justinien.

Il conserva encore la différence entre les biens estimés et les biens non estimés ; mais il compléta la théorie de la loi *Julia* quant aux immeubles dotaux non estimés.

La loi *Julia* avait défendu au mari d'aliéner le fonds dotal sans le consentement de la femme et de l'hypothéquer, même avec ce consentement ; et par cette défense, elle était arrivée au but qu'elle s'était proposée, d'assurer la conservation de la dot, pour favoriser les seconds mariage des femmes. Elle n'avait pas établi le principe d'inaliénabilité de la dot, puisque son aliénation était possible, dès-là que la femme y donnait son consentement. Elle avait seulement rendu l'hypothèque impossible sur le fonds dotal, prohibition que nous avons considérée comme résultant du sénatus-consulte Velléien, qui infirmait tout cautionnement donné par une femme ; on avait craint que l'hypothèque ne fût prise dans l'intérêt du mari. Justinien dont la législation toute favorable à la femme lui a valu le surnom de *legislator uxorius*, se laisse guider par un autre mobile ; il veut protéger la femme contre sa propre faiblesse vis-à-vis des obsessions de son mari ; et *ne sexus muliebris fragilitas in perniciem substantiæ earum converteretur*, il conserve la disposition de la loi sur l'hypothèque, et il défend au mari d'aliéner le fonds dotal même avec le consentement de la femme. Dès ce moment, le principe d'inaliénabilité est posé. La loi *Julia* n'avait d'application que sur les fonds italiques, les seuls importants, puisque seuls ils nécessitaient pour leur aliénation, en qualité de choses *mancipi*, l'emploi d'un mode solennel. Justinien résout en faveur des fonds provinciaux la question que nous avons vue débattue au temps de Gaïus ; et par une conséquence de la disparition de l'ancien *jus quiritium* et de la mancipation, il décide que l'aliénation et l'hypothèque sont interdites même *in eas res quæ provinciali solo positæ sunt*, en tant que dotales. Il ne faut pas croire cependant que sous ce prince ces actes fussent totalement impossibles au mari : nous voyons, en effet, dans une de ses novelles (Novel. LXI), que l'aliénation ou l'hypothèque du fonds dotal est validée par cela seul que le consentement de la femme aura été confirmé après un intervalle de deux ans. Après ce délai, qui lui permet de peser les conséquences de l'acte que son mari lui propose, elle ne peut plus se dire poussée par un mouvement irréfléchi ; la confirmation qu'elle donne à son consentement doit donc lui être imputable.

Le pouvoir du mari perd ce qui lui restait de la *manus* ; et en présence de la loi 29 au Code *de jure dot.* qui donne à la femme l'action en revendication, lorsque la dot est en péril, et de la loi 30 qui reconnaît formellement son droit de propriété, il faut bien se résoudre à considérer le mari comme l'administrateur et non comme le propriétaire des biens dotaux. Il est vrai que les Instituts même de Justinien donnent au mari la qualification de propriétaire de la dot ; mais on ne doit voir là qu'une vieille habitude de langage ; la chose a disparu et le mot est resté.

Avant Justinien, la dot était restituable au cas de divorce et au cas de prédécès du mari, mais elle ne l'était pas lorsque la femme avait prédécédé, à moins d'une stipulation spéciale à cet égard ; et je trouve au Digeste un exemple unique de la restitution de la dot faite aux héritiers de la femme, morte dans les liens du mariage : c'est lorsque le mari a donné lui-même la mort à sa femme ; « Si vir uxorem suam occiderit, « dotis actionem heredibus uxoris dandam esse Proculus ait ; « et recte ; non enim æquum est, visum ob facinus suum do- « tem sperare lucri facere. » (D. *sol. mat.* l. 10, p. 1). Justinien rend la dot restituable même dans le cas du prédécès dela femme. Avant lui, la femme étant morte après avoir divorcé, son héritier ne pouvait se faire restituer la dot que si le mari avait été mis en demeure du vivant de la femme (Ulp. *fragm.* tit. VI, p. 7).

Les mode de restitution sont changés; on ne distingue plus des autres les choses appréciables au poids, au nombre, ou à la mesure; mais on sépare les immeubles des meubles et des objets incorporels; les immeubles doivent être restitués immédiatement après la dissolution du mariage, et les meubles et les objets incorporels dans l'année. En cas de retard dans la restitution, le mari devra payer, pour le retard dans la restitution des choses autres que les choses immobilières les intérêts de la somme à laquelle elles auront été estimées, et pour le retard dans la restitution des immeubles, il sera comptable des fruits qu'ils auront produits depuis la dissolution du mariage, et cela indépendamment de la restitution des autres gains qu'il a pu faire avec les choses dotales, tels que ceux résultant du travail des esclaves dotaux (Cod. *de rei uxor. act.* p. 7).

Justinien abolit toutes les causes de rétention de la dot, sauf la rétention pour impenses. Il abroge la rétention *propter liberos*, parce qu'un aiguillon naturel doit pousser les pères à l'éducation de leurs enfants; la rétention *propter mores*, parce qu'elle est inutile par suite des constitutions qui fournissent des modes de répression; la rétention *propter res donatas*, parce que l'époux donateur a une action réelle directe ou utile, ou une *condictio* pour se faire restituer les choses données; la rétention *propter res amotas*, parce que l'action *rerum amotarum* est bien suffisante. Quant à la rétention *ob impensas in res dotis factas*, elle est réglée ainsi qu'il suit : les dépenses nécessaires opèrent toujours une diminution *ipso jure* sur les choses dotales ; les dépenses utiles, qui ne donnaient lieu à une rétention qu'autant que la femme y avait consenti, produisent maintenant l'action de mandat, si la femme y a consenti, et, si elle n'a pas consenti, l'action *negotiorum gestorum*. Il est facile, à notre point de vue, de se rendre compte de l'application aux dépenses utiles de ces actions. Dans les Pandectes, elles n'avaient pas pu être admises, parce que le mari, étant durant le mariage propriétaire de la dot, faisait sa propre affaire en faisant des dépenses pour cette dot ; mais nous savons que sous Justinien, la propriété de la dot réside sur la tête de la femme. Pour les dépenses voluptuaires ou d'agrément, quoiqu'elles aient été faites avec l'assentiment de la femme, elles ne donnent au mari que le droit d'enlever ce qui de l'ouvrage fait peut être détaché sans détérioration du premier état de la chose.

L'empereur fond ensemble, sous le nom d'action *ex stipulatu*, l'action *rei uxoriæ* et l'action *ex stipulatu* en reprise de la dot ; il suppose toujours entre les époux une stipulation tacite. C'est par suite de cette stipulation présumée, que la femme recouvrera la dot à la dissolution du mariage, lorsque la constitution ayant été faite par un *extraneus*, c'est-à-dire par un non ascendant, celui-ci n'aura pas expressément réservé pour sa personne le droit de retour (Cod. *de rei ux. act.* p. 13). Mais Justinien veut transporter dans l'action *ex stipulatu* appliquée à la reprise de la dot tous les effets favorables de l'action *rei uxoriæ* ; c'est pour cela qu'il la dépouille, pour ce cas d'application, de son caractère d'action *stricti juris* pour la revêtir du caractère d'action *bonæ fidei* ; le délai d'un an qu'il donne au mari pour la restitution des choses dotales autres que les immeubles, et le bénéfice de compétence dont il le fait jouir lorsque l'*actio transformata* est intentée, apparaissent comme conséquence de cette métamorphose.

Justinien donne à la femme, lors de la dissolution du mariage, l'action en revendication de la dot, même pour les objets estimés (Cod. *de jure dot*. l. 30); et si elle ne veut ou ne peut pas exercer cette action, il lui accorde, par un privilége exorbitant, contraire même à l'équité, une hypothèque tacite sur tous les biens du mari, hypothèque qu'il fait rétroagir afin de la rendre préférable à toutes les autres hypothèques antérieures en date. Ce privilége qu'il fonde sur le motif que que les créanciers même antérieurs ne doivent pas s'enrichir des dépouilles de la femme et la priver ainsi de tout secours, concerne uniquement la femme et ses enfants qui lui succèderaient (Cod. *qui pot*. l. 12).

Toutes ces institutions ont pour but de protéger la faiblesse des femmes; mais pourquoi cette protection? C'est que, sous l'influence des idées chrétiennes, Justinien voulait placer les deux époux dans une position égale; c'est pour cela qu'il créait tout autour de la femme comme une barrière par la concession de droits parfois exorbitants; car livrée sans défense à une volonté qui dominait la sienne, la femme aurait toujours été sacrifiée dans les conflits d'intérêts qui se seraient élevés dans le cours du mariage.

DU RÉGIME DOTAL,

EN DROIT FRANÇAIS.

Ce qui caractérise le régime dotal, en Droit français, ce n'est pas la dot; car la dot, sous ce régime comme sous les autres, est *le bien que la femme apporte au mari pour supporter les charges du mariage* (art. 1540); la dot n'est donc pas particulière au régime dotal. Bien plus, le régime dotal peut exister sans dot; tel est le cas supposé par l'art. 1575, où la femme ne s'est rien constitué en dot, et où aucune donation ne lui a été faite dans le contrat de mariage. J'insiste sur ce point, parce que par la dénomination donnée au régime que nous étudions, la dot paraît être de son essence, tandis que cette dénomination est seulement le résultat des règles exceptionnelles introduites sous ce régime en faveur de la dot, afin d'en assurer la conservation et la restitution.

Je ne puis pas non plus regarder comme un principe propre à notre régime la séparation des patrimoines des époux, puisque cette séparation existe, et à un degré plus absolu encore, sous le régime de séparation de biens. Il est vrai qu'ici elle a cela de particulier, qu'elle a été introduite non pas seulement contre le mari et pour la conservation des droits de la femme, mais encore contre la femme elle-même et alors dans l'intérêt de la famille.

Ce qui caractérise à mes yeux le régime dotal, c'est :

1° La distinction des biens de la femme en biens dotaux et en biens paraphernaux ;

2° L'inaliénabilité de l'immeuble dotal pendant le mariage. Ce principe a pour but de protéger la femme contre sa propre faiblesse, et de mettre la famille à l'abri de la misère ;

3° Des droits pour le mari sur les biens dotaux, plus considérables que dans les autres régimes, et qui prennent leur source dans ce principe qu'ici l'intérêt de la famille dominant même celui de la femme, il fallait attribuer au mari, comme chef de la famille, des pouvoirs plus étendus. On pourrait ajouter que le droit romain n'a pas dû se trouver sans influence dans cette matière.

On reproche au régime dotal : 1° de séparer complètement les intérêts de chacun des époux, tandis que la confusion de ces intérêts inspirerait à la femme plus d'ordre et d'économie, et se conforme d'ailleurs plus naturellement à la communauté d'existence qu'implique le mariage ; 2° de se prêter difficilement aux spéculations du mari, qui pourraient augmenter le patrimoine. Mais les spéculations ne sont pas toujours couronnées de succès, et il faut donc bien reconnaître dans cet inconvénient même l'avantage de prévenir la ruine totale des familles, en conservant une dernière ressource aux époux et à leurs enfants. Enfin, il faut avouer que si le régime dotal n'est pas favorable au crédit du mari, il ne l'est pas davantage pour les droits du tiers. Mais on ne doit pas reprocher à un système d'association conjugale d'avoir porté sa prévoyance sur les intérêts de la famille, ce qui était le but principal à remplir, plutôt que sur les intérêts des tiers. Ce même argument peut servir à combattre le premier reproche ; le législateur, en effet, devait se préoccuper bien moins des intérêts des époux que des intérêts de la famille ; d'ailleurs, la séparation des biens des époux peut s'évanouir en partie, par la combinaison de notre régime avec la société d'acquêts (art. 1581).

Un autre inconvénient fort grave résultait pour les tiers acquéreurs de la différence de capacité (1) existant entre la femme commune et la femme mariée sous le régime dotal. Celle dernière, si elle était de mauvaise foi, déclarait qu'elle n'avait pas fait de contrat ; sa capacité, aux yeux du tiers qui ne pouvait s'assurer de la fausseté de son assertion, était celle

(1) Le régime dotal ne diminue pas la capacité de la femme ; mais le principe d'inaliénabilité restreint la faculté qu'elle a de contracter, et la frapperait même d'une impuissance absolue, si tous ses biens, tous immobiliers, étaient frappés de dotalité ; car pas d'obligation sans action sur les biens.

de la femme commune; et alors de deux choses l'une; ou bien, plein de confiance, le tiers traitait avec cette femme, qui, une fois l'argent touché, produisait son contrat et demandait la nullité de l'acte; ou bien, doutant encore, le tiers ne traitait qu'avec des garanties extraordinaires, ce qui ralentissait les affaires et portait atteinte au crédit public. La loi du 10 juillet 1850 a fait disparaître cet état de choses, en obligeant l'officier de l'état civil à inscrire, dans l'acte de célébration du mariage, la déclaration des futurs époux sur le point de savoir s'ils ont ou non fait un contrat de mariage, et en cas d'affirmative la date du contrat, ainsi que les noms et résidence du notaire qui l'aurait reçu, et en portant que si la déclaration de la femme était mensongère, elle serait réputée dans ses rapports avec les tiers capable de contracter dans les termes du droit commun. Cette loi donne à celui qui veut contracter avec une femme mariée le moyen de connaître sa capacité, pourvu qu'il se fasse représenter l'acte de célébration de son mariage.

De la soumission au régime dotal.

Le régime dotal est-il indépendant du régime de communauté? Oui, car si le régime de communauté forme le droit commun de la France, c'est seulement en ce sens qu'il s'établit sans conventions et à défaut de conventions matrimoniales; pour tout le reste, l'art. 1391 consacre l'indépendance du régime dotal. Ainsi donc, ses règles et ses principes lui restent propres, et leurs lacunes, s'il s'en trouvait, ne devraient pas être nécessairement comblées par les règles du régime de communauté.

Mais pour que les règles du régime dotal soient applicables, les époux doivent s'être soumis à ce régime ; l'art. 1392 exige pour cette soumission une déclaration expresse, par quoi nous entendons une déclaration *non équivoque*. L'esprit général de notre législation s'oppose, en effet, à ce qu'on entende notre article comme prescrivant l'emploi d'une formule sacramentelle. Des termes équivalents sont donc admissibles, si pourvu d'ailleurs que l'intention des parties soit évidente. Ainsi, la déclaration de l'apport d'une dot n'équivaudra pas à la déclaration qu'on se marie sous le régime dotal, tout régime, sauf celui de séparation de biens, comportant une dot ; ainsi encore, la clause par laquelle la femme frappe d'inaliénabilité ses biens dotaux ne la soumet pas à notre régime ; et, en effet, s'il est vrai que l'inaliénabilité est un de ses principes caractéristiques, il est vrai aussi qu'elle ne lui est pas essentielle (art. 1557) ; et de plus, conformément au principe de la liberté des conventions matrimoniales, l'inaliénabilité des propres de la femme peut être stipulée dans le régime de communauté. Mais si après s'être constitué en dot tel ou tel bien, la femme déclare ses autres biens paraphernaux, l'article 1392 n'est pas violé ; l'intention de la femme est évidente, puisque le régime dotal est le seul qui embrasse à la fois des biens dotaux et des biens paraphernaux. Quelques auteurs cependant n'admettent pas cet équivalent, en se basant sur ce que cette distinction que fait la femme en qualifiant ses biens les uns de dotaux les autres de paraphernaux, n'implique pas pour cela chez elle l'intention d'adopter le régime dotal ; elle a pu entendre, disent-ils, faire un contrat mêlé de communauté et de séparation de biens. Je suis peu touché de ce sens donné à la déclaration de la femme ; il me paraît forcé, cette opposition des termes dotaux et paraphernaux étant spéciale au régime dotal. On insiste cependant, et l'on dit : l'art. 1392 exige une stipulation expresse. Indépendamment de l'argument que j'ai tiré de l'esprit général de la législation pour interpréter ce terme, je puis encore répondre qu'au moyen de notre distinction le régime dotal est adopté d'une manière expresse, car on peut toujours substituer la définition au mot défini.

Nous venons de parler d'une distinction entre les biens dotaux et les biens paraphernaux : c'est la loi elle-même qui la fait en accordant l'administration des premiers au mari, et en laissant les seconds à la femme pour l'administration comme pour la jouissance. Or, tous les biens de la femme sont paraphernaux, sauf stipulation contraire. C'est l'inverse de ce qui a lieu dans les régimes de communauté et sans communauté, sous l'empire desquels la dotalité est la règle, la paraphernalité l'exception.

Quels biens sont dotaux.

Sur la question de savoir quels biens sont dotaux, l'art. 1541 dispose ainsi : *Tout ce que la femme se constitue ou qui lui est donné en contrat de mariage est dotal, s'il n'y a stipulation contraire.* La distinction que fait l'article a pour but de séparer des autres les biens que la femme acquiert par suite de donations à elle faites dans son contrat. Quant à ceux-ci, tous sont dotaux, sauf stipulation contraire. Mais quant aux premiers, c'est-à-dire quant aux biens dont la femme était déjà propriétaire lors du contrat, et quant à ses biens à venir, ceux-là seulement sont dotaux qu'elle s'est constitués en dot.

Ainsi des biens de la femme, les uns sont tacitement dotaux, les autres tacitement paraphernaux. La raison pour laquelle les biens à elle donnés par contrat de mariage sont tacitement dotaux, se déduit de cette considération, que la dotalité résulte implicitement de la donation ; et en effet, la donation par contrat n'est faite évidemment qu'en contemplation du mariage et dans le but de le faciliter ; or, ce but ne serait pas atteint, si le mari restait étranger aux biens donnés ; si, en d'autres termes, ces mêmes biens n'étaient pas dotaux.

L'art. 1541 nous amène à formuler cette règle, que tous les biens de la femme sont paraphernaux, sauf ceux qu'elle s'est constitués en dot ou qui lui sont donnés dans son contrat de mariage. Et encore cette restriction finale a peut-être quelque chose de trop absolu : les termes de l'art. 1541 semblent bien frapper de dotalité tous les biens donnés dans le contrat, et se refuser à toute distinction ; et pourtant si les biens sont donnés par le futur mari, on ne peut pas supposer qu'il ait fait cette donation dans le but de s'assurer l'administration et la jouissance de ces mêmes biens ; il n'a pas donné en considération des charges du mariage et pour les alléger ; or, si la règle de l'art. 1541, que tous les biens donnés à la femme dans son contrat sont dotaux même tacitement, résulte de cette présomption, que le donateur a voulu faciliter le mariage, poser cette même règle en l'absence de cette présomption serait aller contre l'esprit de la loi. Il faut donc conclure que les biens donnés à la femme par le futur mari dans le contrat ne sont pas pour cela frappés de dotalité.

CHAPITRE I.

§ 1. DE LA CONSTITUTION DE DOT.

La dot peut être constituée par la femme avec ses biens ou par un tiers.

La constitution de dot par la femme est un contrat *synallagmatique*, par lequel elle fait ou s'oblige à faire un certain apport à son mari, à la charge par celui-ci de supporter tous les frais du mariage. Cette définition nous donne la clef des art. 1547 et 1548, d'après lesquels la femme doit la garantie des objets constitués, et, si la dot consiste en argent, les intérêts de cette dot, à partir du jour où commencent les charges du mariage. C'est encore parce qu'ils sont considérés comme les résultats d'un contrat synallagmatique, que, suivant certains auteurs, les profits que donnera au mari la jouissance des biens dotaux, ne constitueront pas un avantage soumis à réduction à l'égard des enfants que la femme aurait eus d'un précédent mariage (art. 1527). Mais cette dernière conséquence est avec raison contestée, l'art. 1527 ne paraissant pas applicable au régime dotal, surtout quand on considère que ce régime attribue exclusivement au mari ce que le régime de communauté partage entre les deux époux.

La constitution de dot par un tiers dans le contrat de mariage, présente une double face : Envisagée entre le constituant et la femme, c'est un contrat à la fois à titre onéreux et à titre gratuit : 1° à titre gratuit de la part du constituant qui ne reçoit rien en échange de ce qu'il donne ; d'où, la dot est révocable pour survenance d'enfants, s'il n'en avait pas lors de la constitution (art. 960), rapportable si la femme lui succède (article 1573), réductible si la dot dépasse la quotité disponible ; elle n'est d'ailleurs ni révocable pour cause d'ingratitude (art. 959), ni annulable sous prétexte d'acceptation (art. 1087) : 2° à titre onéreux du côté de la femme, car elle reçoit la dot pour aider son mari à suffire aux charges du mariage ; aussi peut-elle recourir en garantie en cas d'éviction, contrairement à la règle posée dans les donations. Envisagée entre la femme et le mari, la constitution de dot par un tiers a pour but de transférer d'elle à lui le droit de percevoir les revenus des biens donnés. C'est donc de la femme que le mari tient son droit ; on conclut de là que si la dot est rapportée à la succession du constituant, ou révoquée pour cause de survenance d'enfants, ou bien encore mise à néant parce qu'elle était en dehors de la quotité disponible, le droit de la femme étant alors résolu (art. 865, 963, 929), le droit de jouissance est aussi résolu.

Les créanciers du constituant fraudés par la constitution ne peuvent, par suite de ce que nous avons dit, faire révoquer cette constitution qu'autant qu'il y a aussi fraude de la part des deux époux. En supposant la fraude seulement entre le constituant et le mari, les créanciers ne pourraient agir que contre le mari et par une action en dommages-intérêts. S'il y avait fraude entre le constituant et la femme seulement, elle ne saurait nuire au mari, qui est un tiers sous-acquéreur de bonne foi auquel ne s'applique pas l'art. 1167, et qui par suite conserverait son droit de jouissance.

La constitution de dot est susceptible de toutes les modalités que peut recevoir tout contrat ; ainsi elle peut être faite à terme ou sous condition. Il y a même des conditions qui y sont toujours sous-entendues ; telles sont celle que le mariage en considération duquel elle est faite aura lieu (*si nuptiæ fuerint secutæ*), et celle que nous avons déjà vue, qu'il ne naîtra pas d'enfant au donateur. Puisque vis-à-vis du constituant il y a une véritable donation, il faut dire que si la constitution est faite sous une condition contraire aux lois ou aux bonnes mœurs, cette condition sera réputée non écrite (art. 900). Est évidemment illicite la condition que la future renoncera à la succession du donateur (art. 791).

La constitution de dot peut-elle être tacite, en dehors du cas de la donation faite par un tiers dans le contrat ? Oui.

Posons d'abord le cas le plus simple : la femme se soumet expressément au régime dotal, et déclare ensuite se constituer tel et tel bien ; ces biens sont dotaux, mais ceux-là seulement ; l'intention est évidente. Il n'est pas même nécessaire qu'elle ait employé les termes se constituer, dot ; le formalisme du droit romain n'a pas été jusque-là ; ainsi donc, la femme peut dire qu'elle fait à son mari tel apport pour les charges du mariage, ou plus simplement en mariage ; ce n'est d'ailleurs que remplacer par la définition le mot défini. A l'inverse, la femme a déclaré se réserver comme paraphernaux ses biens à venir, par exemple ; tous ses biens présents sont dotaux. Mais le contrat, après avoir déclaré que le régime dotal est adopté, garde le silence sur ce qui est en dot. Faut-il présumer une constitution tacite ? Non, car dans le régime dotal la paraphernalité est la règle, la dotalité l'exception ; et qu'on ne dise pas qu'il serait dérisoire que la femme qui a adopté le régime dotal ne participât aucunement à ses avantages ; la pensée de cette femme se manifeste clairement ; elle a voulu couvrir d'un voile la stipulation du régime de la séparation de biens; d'ailleurs la loi suppose à l'art. 1595 le cas où aucun bien n'aurait été dotalisé; ce cas n'est donc pas si extraordinaire. Mais une constitution tacite des biens présents de la femme résulterait, par exemple, de la déclaration des époux qu'ils se prennent avec leurs biens et leurs droits.

§ 2. *Ce que peut comprendre la dot.*

La dot peut comprendre tous les biens présents et à venir de la femme, ou tous ses biens présents seulement, ou une partie de ses biens présents et à venir ou un objet individuel (art. 1542); ou encore ses biens à venir ou une partie de ses biens présents seulement; notre article n'est pas limitatif. S'il y a doute sur la question de savoir quelle est l'étendue des biens que comprend la dot, le doute s'interprète en faveur de la femme, dans le sens de la paraphernalité; car la paraphernalité est la règle; c'est ainsi que notre article décide que la constitution, en termes généraux, de tous les biens de la femme ne comprend pas les biens à venir. La solution doit être la même, si le doute est sur la question de savoir si la femme a entendu ou non se constituer des biens en dot : les biens seront réputés paraphernaux.

Ainsi donc, lorsque la femme s'est constitué, en termes généraux, tous ses biens, la constitution n'embrasse pas les biens à venir. Mais que faut-il entendre par biens présents et par biens à venir? Les biens à venir sont tous les biens échus à la femme depuis le contrat de mariage, en vertu d'un droit postérieur à ce contrat; tous les autres biens sont biens présents; il faut donc entendre par là non-seulement ceux que la femme possédait au jour de son contrat, mais aussi ceux sur lesquels elle avait un droit quelconque, quand même ce droit aurait dépendu d'une condition soit suspensive soit résolutoire. Ainsi, supposons qu'avant son mariage, la femme qui s'est constitué en dot tous ses biens présents, ait fait une donation sous condition résolutoire; la condition se réalise, lorsque le mariage est déjà célébré; les biens donnés sont dotaux. Il importe peu même que la résolution ait eu lieu *ex causa antiqua* ou *ex causa nova;* ainsi en supposant une donation pure et simple de cette même femme, toujours avant son mariage, il faudra dire, s'il lui survient des enfants, que les biens donnés, révoqués par leur naissance, sont biens dotaux.

La constitution de tous biens présents et à venir embrasse tous ceux qui appartenaient à la femme au moment du mariage, ou qui lui sont échus pendant sa durée, à quelque titre que ce soit, jusqu'au jour de la dissolution. A partir de ce dernier moment, rien de ce qui écherra à la femme ne pourra être dotal, car *dos sine matrimonio esse non potest*, ce qui est conséquent avec la définition de la dot par l'art. 1540; on ne peut pas dire, en effet, que les biens échus à la femme depuis la dissolution du mariage sont apportés au mari.

La constitution générale des biens présents ou des biens présents et à venir n'embrasse ces biens que déduction faite des dettes, actuelles seulement ou actuelles et futures. Si, au contraire, la constitution est d'un ou plusieurs objets individuels, comme de créances, de rentes, d'un usufruit ou d'une hérédité, ces objets doivent arriver au mari exempts de toutes charges; autrement il n'aurait pas tout ce qu'il a dû espérer. Il faut observer que si la constitution porte sur une hérédité, l'hérédité doit être ouverte; sans quoi la constitution serait nulle comme illicite, car on ne peut faire aucune stipulation sur une succession future (art. 1130).

La constitution n'est qu'une promesse nulle, si elle porte sur une chose incertaine.

Nous avons décidé, sous l'art. 1541 et conformément à l'esprit de la loi que les biens donnés à la femme par le mari dans le contrat de mariage, ne sont pas frappés de dotalité. La solution devra être inverse, si le contrat porte constitution des biens présents et à venir; les biens donnés seront alors dotaux, en vertu de la constitution générale. Donner une autre décision, ce serait aller contre l'intention de la femme.

§ III. *A quel moment doit se faire la constitution.*

La constitution doit précéder le mariage: l'art. 1543 déclare à cet égard, contrairement au droit romain, que *la dot ne peut être constituée ni même augmentée pendant le mariage.*

Certaines personnes font de ce principe la conséquence de cet autre que les époux ne peuvent modifier leurs conventions matrimoniales après la célébration du mariage (art. 1395), et elles restreignent la prohibition de notre article en ne l'appliquant que lorsque la constitution ou l'augmentation de la dot provient d'une convention faite entre les époux. Ainsi, disent-elles, la femme dont le contrat de mariage porte que les biens à venir seront paraphernaux, peut accepter valablement les biens qui lui seront donnés par un tiers pendant le mariage, sous la condition qu'ils seront dotaux. D'autres, à l'avis desquels je me range, rejettent cette restriction à la portée de notre article, et pensent qu'il a été introduit précisément dans l'intérêt des tiers qui voudraient traiter avec les époux, et qui, au moyen du contrat, auraient pu croire libres des biens frappés de dotalité postérieurement au contrat. L'intérêt des tiers a dû prévaloir ici de manière à effacer l'intérêt de la famille, parce que l'inaliénabilité, effet de la dotalité, si elle pouvait survenir après la célébration du mariage, serait très dangereuse, parce qu'elle serait clandestine. Il est donc raisonnable de penser que notre article s'applique, soit que l'augmentation de la dot provienne de la femme, soit qu'elle provienne d'un tiers.

De ce que la dot ne peut être augmentée dans le cours du mariage, parce que la dot en s'agrandissant, agrandirait le cercle des biens frappés d'inaliénabilité, on peut conclure qu'il est permis d'attribuer aux biens donnés à la femme mariée tous les autres effets de la dotalité, et ainsi donner à la femme, en attribuant au mari l'administration et la jouissance de la chose ; ainsi encore, les meubles dotaux, n'étant point inaliénables, comme nous le verrons bientôt, peuvent toujours être donnés sous la condition de dotalité.

Il est bien entendu que si la dot ne peut pas être augmentée, c'est en ce sens qu'on ne peut pas, par une convention postérieure, étendre la dotalité à des biens qui, d'après le contrat devaient être paraphernaux ; car autrement la dot peut être augmentée, en ce sens qu'elle peut devenir plus considérable postérieurement au mariage. Il en est ainsi dans le cas où la femme s'est constitué en dot ses biens à venir, et dans celui où un immeuble est acquis des deniers dotaux, si l'emploi a été stipulé dans le contrat ; ces cas étant prévus dans le contrat, ne sont pas régis par la disposition de l'art. 1543. Faut-il appliquer la même décision, lorsque la femme s'est constitué un immeuble dont elle n'avait que la nue-propriété, à laquelle l'usufruit est ensuite venu se réunir ? Je réponds affirmativement, car la femme a voulu faire un apport utile au mari ; or, son apport n'aurait aucune utilité, s'il devait toujours consister en une nue-propriété inaliénable. Ce motif n'est pas applicable, lorsque c'est l'usufruit qui a été constitué en dot, et que la nue-propriété vient se réunir à l'usufruit; cette nue-propriété ne serait donc pas dotale. Il est évident enfin que les accroissements naturels des biens dotaux sont dotaux, car ce ne sont pas des augmentations dans le sens de l'art. 1543; ce ne sont pas, en effet, des acquisitions nouvelles, mais une suite naturelle du droit de propriété. Je pense de même que les constructions, élevées sur le fonds dotal, seraient dotales en vertu du droit d'accession.

De même que la dot ne peut pas être augmentée pendant le mariage, de même elle ne peut pas être diminuée. Ainsi, supposons en face d'une constitution des biens présents et à venir, une donation postérieure faite à la femme, sous la condition que l'objet donné sera paraphernal. Nous disons que la condition sera considérée comme non avenue, et que l'objet donné sera dotal; car il ne peut pas dépendre du donateur de l'affranchir de la clause de dotalité, stipulée dans un intérêt de famille. La dot étant considérée d'ordre public doit rester hors d'atteinte. On objecte que le donateur est libre d'imposer telle condition qu'il lui plaît; oui, mais il n'est pas permis à la femme de recevoir sous une pareille condition. Décider autrement, ce serait permettre à celle-ci de colluder avec le donateur, de manière à soustraire à la dotalité des biens qui doivent être dotaux.

§ 4. *De la contribution des père et mère mariés sous le régime dotal au paiement de la dot de leur enfant.*

Dans les pays de droit écrit, le père était obligé de doter ses enfants. Sous l'empire du Code, cette obligation n'existe plus (art. 204) : le législateur a préféré la maxime du droit coutumier « Ne dote qui ne veut ; » il a pensé que, puisqu'il restreignait les pouvoirs accordés au père, il devait restreindre aussi les droits des enfants, afin de ne pas trop affaiblir la puissance paternelle. Mais il reste toujours pour les ascendants une obligation naturelle de doter, obligation qui devient civile par la promesse qu'ils en font dans le contrat ; le Code a réglé la contribution des père et mère au paiement de cette dot.

Deux hypothèses sont prévues :

1° La constitution de dot a été faite du vivant des père et mère. Il peut se faire, en pareil cas, qu'elle ait été faite par le père seul, ou par la mère seule, ou par les deux conjointement.

Prenons d'abord le cas où les père et mère de la future l'ont dotée conjointement ; ils sont censés, dit l'art. 1544, l'avoir dotée chacun pour moitié, si l'on n'a pas distingué la part de l'un et de l'autre. Ce n'est là que l'application de ce principe de droit commun, à savoir que lorsque deux personnes s'obligent ensemble par le même contrat, chacune d'elles est obligée seulement pour une part égale à celle de l'autre. La décision de notre article est conforme à celle de l'art. 1438 relatif à l'hypothèse où les constituants sont mariés sous le régime de la communauté. Dans l'obligation à la dot contractée conjointement, il n'y a pas de solidarité (art. 1202) ; si donc l'un des constituants est insolvable, l'autre n'est pourtant tenu que de la moitié de la dot constituée.

Si la dot est constituée par le père seul, la mère quoique présente au contrat, n'est pas obligée. Il en est autrement sous le régime de communauté, quand le père a doté en effets de communauté : la mère est alors tenue comme commune (art. 1439). Mais sous le régime dotal, le mari, n'ayant pas la procuration de sa femme, parle en son seul nom. L'art. 1544, en son second paragraphe, prévoit le cas où la mère étant présente au contrat, la dot a été constituée par le père seul pour droits paternels et maternels, et il décide que la mère n'est pas engagée. Il semblerait bien cependant que la présence de la mère et surtout son silence, à l'audition de cette déclaration *pour droits paternels et maternels*, est de sa part une adhésion tacite à la constitution. Mais la loi a pensé avec raison que la présence de la femme trouvait une justification suffisante dans un sentiment de déférence pour le mari et dans l'intérêt qu'elle porte à son enfant. Quant à son silence, il ne prouve rien, ou s'il prouve quelque chose, c'est ceci : qu'elle n'a pas voulu participer à la constitution ; car si telle eût été sa volonté, elle n'eût pas manqué de le déclarer. Elle n'a pas protesté contre la déclaration faite en son nom par son mari, parce qu'elle n'a pas osé. Il semble cependant qu'il y a une espèce d'injustice en pareille hypothèse, à attribuer aux futurs époux la totalité de la dot, lorsque le père, en énonçant les droits maternels, a manifesté l'intention de ne s'obliger que pour moitié.

Enfin, la femme peut avoir seule constitué la dot, si elle avait autorisation de son mari. Elle peut, suivant la portée de l'autorisation, ou bien être simple mandataire de son mari, et alors elle l'oblige sans s'obliger elle-même, ou bien parler en son nom personnel ; l'effet de l'autorisation est alors d'ôter au mari la faculté de se prévaloir de son droit de jouissance sur les biens dotaux compris dans la constitution. Il n'en serait pas de même, si elle n'était autorisée que de justice (art. 1555).

2° La dot a été constituée après le décès de l'un des époux

par l'autre époux, pour biens paternels et maternels et sans spécification de parts ; aux termes de l'art. 1545, la dot se prendra d'abord sur les droits du futur époux dans la succession du conjoint prédécédé, et le surplus sur les biens du constituant. Le système qu'a suivi le Code partageait avec celui de Justinien et celui de l'empereur Léon, l'ancienne jurisprudence. Remarquons que c'est seulement dans l'hypothèse de l'insuffisance des droits de la fille, que le constituant contribue à la dot. La raison qu'on en donne est qu'on ne doit pas présumer facilement l'intention de donner, et qu'il vaut mieux croire qu'avant de se livrer à des générosités, le survivant des père et mère a entendu se libérer ; ainsi, le père, par exemple, a constitué une dot de 50,000 fr.; et il devait à la future 40,000 fr. sur la succession du conjoint prédécédé ; sa part contributoire, si constituant pour biens paternels et maternels il n'a pas spécifié les parts, sera de 10,000 fr. ; elle serait nulle, si la dette était de 50,000 fr. Mais si ce père, ayant constitué la même dot que précédemment, devait seulement 20,000 fr. sur la succession de son conjoint, il serait obligé de fournir lui-même 30,000 fr., quand même il serait débiteur envers sa fille, à un autre titre, d'une somme même plus considérable ; il n'a parlé, en effet, que de droits paternels et maternels, et non d'autres droits qu'avait la fille.

La présomption de l'art. 1545, que le constituant a voulu se libérer avant de donner, fondée sur les mots *pour biens paternels et maternels* qui précisent sa volonté, est juste l'opposé de celle qui est écrite à l'article suivant. « Quoique la fille, dit l'art. 1546, dotée par ses père et mère, ajoutons ou seulement par l'un d'eux, ait des biens à elle propres dont ils jouissent, la dot sera prise sur les biens des constituants.

s'il n'y a stipulation contraire. » La raison de douter, on la trouve dans la jouissance qu'avaient ces père et mère, ou plus exactement ce père ou cette mère, car tant que le père vit il a seul la jouissance des biens de sa fille. Je ne comprends pas d'abord la raison de douter; car au moment où la constitution pourra avoir quelque effet, cette jouissance aura cessé par suite du mariage qui émancipe la fille. Ensuite, pourquoi la loi présume-t-elle que le constituant a entendu faire une libéralité? On répond que constituer une dot c'est se constituer donateur, et que l'art. 1023 s'oppose à ce qu'on fasse des donations avec l'argent du donataire. Mais si cette raison est bonne, pourquoi l'a-t-on rejetée dans l'article précédent? dans celui-ci comme dans celui-là, il s'agit de père et de mère; les rapports de tendresse qui existent entre eux et leurs enfants devraient, ce me semble, faire toujours présumer une libéralité. Mais il n'en est pas ainsi; et pour justifier cette opposition, on dit que si dans le cas de l'art. 1515 le survivant ne supporte que ce qui de la dot excède les droits de la fille sur la succession du conjoint prédécédé, c'est parce qu'en parlant des biens paternels et maternels il a entendu obliger au paiement de la dot ceux de son conjoint avant les siens, tandis que, dans le cas de l'art 1516, les père et mère ont entendu s'obliger personnellement. Cette explication ne peut me satisfaire, car elle résout la question par la question.

Je donnerai, comme explication de l'opposition de nos deux articles, une simple remarque que je fais; c'est qu'en tenant compte de la dissemblance des hypothèses, le paragraphe premier de l'art. 1514 reproduit la décision de la Novelle de Léon, l'art. 1516 le système de Justinien, et l'art. 1515 le troisième système qui avec les deux premiers partageait l'ancienne jurisprudence. Les rédacteurs du Code ont peut-être voulu raconter dans ces dispositions législatives l'histoire de la législation passée.

Quoi qu'il en soit, si les père et mère n'ont pas la jouissance des biens de leur fille, il faudra a *fortiori* appliquer l'article 1516. On ne l'appliquera pas au contraire, si la dot a été constituée non par les père et mère, mais par une personne simplement débitrice de la femme, comme un tuteur *extraneus*; ce tuteur serait censé avoir agi *tutorio nomine*, car *nemo donare præsumitur*; l'application de cette règle n'est plus empêchée par les rapports de tendresse qui unissent la fille à ses père et mère.

L'art. 1516 est applicable, à moins d'une stipulation contraire. Ceci nous amène à formuler cette demande: qu'aura voulu dire celui qui aura doté sa fille, en déclarant que la dot serait prise sur les biens de celle-ci? C'est, je crois, une obligation de garantie qu'il se sera imposée, obligation qui le forcerait, si la fortune de la fille était inférieure à la dot, à combler la différence. Si la fille est majeure, elle ne pourra être dotée avec ses biens à elle que de son consentement; mais il n'en sera pas d'elle comme de la mère dans l'art. 1515; comme elle est partie au contrat, sa présence et sa signature seront une marque suffisante d'adhésion.

Prenons maintenant le cas où les parts ont été spécifiées par le survivant des père et mère; il ne pourra pas arguer de ce que les droits paternels ou maternels excèdent la somme constituée du chef du prédécédé, pour diminuer d'autant sa part contributoire. Et si ces droits, au lieu d'excéder la somme constituée du chef du prédécédé, lui sont inférieurs, il devra payer la différence ; car ou bien il a voulu tromper, et *decipienti jura non favent,* il est donc responsable, ou bien il n'a pas voulu tromper, et alors comme il devait connaître la valeur de la succession de son conjoint, il a entendu donner la différence. Si les parts étant fixées, 10,000 fr., par exemple, sur les biens paternels, et 10,000 fr. sur les biens maternels, le survivant ne peut pas fournir tout ce qu'il a promis, tandis que les biens du défunt suffiraient pour parfaire la dot, on ne pourra pas cependant décider que ces biens seront employés à la parfaire, parce que la fille, qui elle n'était pas obligée de connaître la fortune du survivant, n'a pas pu avoir l'intention d'accepter l'obligation de dot sur les biens du défunt au-delà de la portion déterminée. Ainsi, dans notre espèce, si le survivant ne peut fournir que 5,000 fr., la dot sera seulement de 15,000 fr., quel que soit le chiffre de la fortune laissée par le défunt.

Lorsque la dot est constituée non par les père et mère, mais par un tiers, elle est régie par les articles 1081 et suivants, qui traitent des donations par contrat de mariage.

§ V. *Garantie de la dot.*

« Ceux qui constituent une dot sont tenus à la garantie des objets constitués » (art. 1547). C'est parce que vis à vis du mari qui les reçoit pour supporter plus aisément les charges du mariage, la constitution de dot est un contrat à titre onéreux. Le même motif explique la décision de l'art. 1518. Si la constitution était en tout une donation, le constituant ne serait soumis à aucune garantie, à moins qu'il ne l'eût promise ou qu'il n'y eût dol de sa part. On peut voir par les termes de l'article que la garantie est due par tout constituant, par la femme elle-même si elle s'est dotée de ses propres biens.

D'après l'opinion généralement admise, la garantie n'est pas due seulement au mari et jusqu'à la dissolution du mariage ; elle est encore due à la femme et à ses héritiers, quoique l'éviction n'ait lieu qu'après la dissolution du mariage. Cette opinion se fonde sur la généralité des termes de l'article 1547. D'après un second système, qui se réfère au droit romain, tout puissant en cette matière, la constitution de dot n'étant réputée un contrat à titre onéreux qu'à l'égard du mari, la femme ne saurait avoir l'action en garantie. Je me range à cè dernier sentiment, en m'appuyant sur la définition de la dot donnée par l'art. 1540 ; la dot a pour but de soutenir les charges du mariage ; or, quand le mariage est dissous, les charges de l'association conjugale cessent au même instant ; il est donc vrai de dire qu'alors la dot a rempli son but, qu'elle n'existe plus. Pourquoi donc appliquer à la femme et à ses héritiers une disposition toute favorable, créée évidemment en vue de la dot et du mariage ?

Il ne faut donc accorder l'action en garantie qu'au mari et seulement pour l'éviction soufferte pendant le mariage ; le mari pourrait agir, même après la dissolution du mariage, si la prescription n'avait pas éteint son droit, pour se faire tenir compte de la jouissance qui lui était due et dont il a été privé pendant le mariage. Et lors même que l'éviction est postérieure au mariage, j'admets fort bien qu'il ait l'action en garantie, si l'éviction porte sur des objets dont l'estimation l'aurait rendu propriétaire, parce qu'il souffre de cette éviction. Puisque relativement à la femme la dot est une donation, si le mari a exercé l'action en garantie durant le mariage et si la dot a ensuite été restituée à la femme, nous devons dire que celle-ci devra au constituant une indemnité proportionnée à ce dont elle s'est enrichie.

Nous avons dit que la femme elle-même devait la garantie. Si cependant elle a fait une constitution générale, elle ne sera pas responsable de l'éviction de tel ou tel objet compris dans la constitution; puisqu'elle n'a rien spécifié, elle n'a constitué que ce qu'elle avait.

Quant à l'étendue de la garantie et aux principes à suivre à cet égard, il faut se référer aux dispositions de la loi sur la garantie en matière de vente, et ainsi distinguer entre l'éviction totale et l'éviction partielle. Si la dot consistait, non dans une chose corporelle, mais dans une créance, les règles pour la garantie seraient celles des art. 1693, 1694 et 1695, avec cette restriction pour l'art. 1694 que les mots *jusqu'à concurrence du prix qu'il a retiré de la créance*, sont inapplicables au constituant; celui-ci devrait la totalité de la créance s'il avait répondu de la solvabilité du débiteur; la loi veut, en effet, que le cessionnaire ne s'enrichisse pas; or, le mari cessionnaire ne s'enrichit pas; car il a dû compter sur la totalité de la créance.

On peut stipuler l'exemption de garantie; ce qui est possible au vendeur doit l'être, *a fortiori*, pour le constituant qui ne reçoit rien en échange de ce qu'il donne.

« Les intérêts de la dot courent de plein droit du jour du mariage, contre ceux qui l'ont promise, encore qu'il y ait terme pour le paiement, s'il n'y a stipulation contraire » (article 1548). Il est de la nature du mariage, disait un conseiller d'État, que les fruits de la dot commencent avec la cause qui la produit.

Si la chose donnée n'était pas susceptible de produire des

intérêts ou des fruits, et si le constituant avait, par son retard à la livrer, causé aux époux un préjudice, des dommages-intérêts seraient dus. La constitution ayant été faite par la femme, le mari prendra les intérêts sur les paraphernaux et non sur la dot.

En droit romain, lorsque la dot avait été promise par la femme, si le mari n'avait pas, pendant la durée du mariage, réclamé les intérêts, il était censé lui en avoir fait remise. L'art. 1578 fournit un argument d'analogie pour faire admettre la même décision en droit français.

CHAPITRE II.

DES DROITS DU MARI SUR LES BIENS DOTAUX.

Si les textes contradictoires du droit romain sur le point de savoir quel est du mari ou de la femme le propriétaire de la dot, ont pu soulever des difficultés et faire naître des controverses, il semblerait qu'il n'en devrait pas être de même en droit français, depuis la rédaction du Code. En effet, le législateur, inspiré par l'idée de couper court aux diverses interprétations fondées sur les textes divergents du droit romain a positivement décidé la question et déclaré la femme seule propriétaire, ainsi que cela résulte des art. 1549, 1562, etc.; si le mari était propriétaire de la dot, il n'en serait pas appelé administrateur et usufruitier. Je ne crois pas que personne ait prétendu que le mari en était véritable propriétaire ; mais certains auteurs lui reconnaissent une quasi-propriété, par suite de laquelle ils lui accordent des droits exorbitants, comme celui de demander seul le partage des droits dotaux indivis avec des tiers.

Cependant il est vrai de dire que le droit du mari sur les biens dotaux est un droit *sui generis* qui dépasse de beaucoup les droits accordés à un usufruitier ordinaire ; mais le mari n'est pas pour cela *dominus dotis*, et ce qui le prouve encore, c'est que la loi lui accorde par exception la propriété de certains objets dotaux, soit par suite de leur nature, soit à cause de certaines stipulations qui auraient accompagné la constitution. En effet, des biens dotaux, les uns restent à la femme en propriété, les autres au contraire deviennent la propriété du mari qui se trouve alors débiteur de leur valeur.

Nous étudierons d'abord les droits du mari sur les biens dont la propriété reste à la femme. L'art. 1549 dispose ainsi : « Le mari seul a l'administration des biens dotaux pendant le mariage. Il a seul le droit d'en poursuivre les débiteurs et détenteurs, d'en percevoir les fruits et les intérêts, et de recevoir le remboursement des capitaux. Cependant il peut être convenu par le contrat de mariage que la femme touchera annuellement sur ses seules quittances une partie de ses revenus pour son entretien et ses besoins personnels. »

Ainsi, deux droits sont accordés au mari : le droit d'administration et le droit de jouissance.

§ 1. *Droit d'administration.*

Baux. — Le droit le plus simple d'administration est celui de consentir des baux. Le mari a donc seul le droit de consentir le bail de l'immeuble dotal. Il faut se référer, pour la durée et le renouvellement du bail aux art. 1429 et 1430, qui contiennent des règles de droit commun et qui régissent tout usufruitier, aux termes de l'art. 595 ; le mari étant tenu sur les biens dotaux comme un usufruitier (art. 1562) est soumis aux prescriptions des articles précités, par lesquelles la loi a su concilier l'intérêt du mari bailleur avec le respect dû au droit de propriété de la femme.

En conséquence, tant que dure le droit d'administration et de jouissance du mari, le bail est complétement obligatoire pour toutes les parties ; si le droit du mari vient à cesser, et si le bail ne dépasse pas neuf ans, il est encore obligatoire pour la femme ; s'il dépasse neuf ans, on le divisera en périodes de neuf années, et le preneur a le droit de terminer seulement la période de neuf ans dans laquelle il se trouve lors de la cessation des droits du mari ; ainsi, en supposant un bail de trente ans, le droit du mari venant à cesser la dixième année du bail, le bail durera encore les huit ans qui restent à courir de la seconde période. Nous parlons, bien entendu, d'un bail consenti par le mari seul ; si la femme l'avait aussi consenti, il serait obligatoire pour toute sa durée, même après la séparation de biens ou la dissolution du mariage. La femme qui ne l'a pas consenti a le droit, à ces deux derniers moments, de ratifier le bail pour le surplus ou d'y renoncer ; de son côté, le preneur a aussi le droit de l'obliger à prendre parti dans un certain délai ; car il n'est pas tenu de rester sous une menace perpétuelle de cessation du bail. Pour le renouvellement du bail, l'art. 1430 ne le permet que dans les trois années qui précèdent la cessation de la location, quand il s'agit de biens ruraux, ou dans les deux années qui précèdent la cessation de la location, quand il s'agit de maisons ; et il déclare sans effet les renouvellements qui auraient devancé ces deux ou trois ans, si le premier bail durait encore à l'époque de la cessation des droits du mari. Dans le cas contraire, le bail renouvelé serait obligatoire pour la femme ou ses héritiers dans les limites de l'art. 1429.

Réparations. Le mari a aussi le droit de faire seul tant les grosses réparations que les réparations d'entretien; c'est même un devoir pour lui. Il supportera les réparations d'entretien qui sont des charges de la jouissance qu'il a, mais indemnité lui sera due pour les grosses réparations; s'il néglige de les faire et que sa négligence soit dommageable pour la femme, il devient responsable.

Remboursement des capitaux. Il a le droit de recevoir le remboursement des capitaux: d'où il suit qu'il peut donner quittance au débiteur et permettre à celui-ci de faire radier l'inscription qui servait de garantie à la femme. L'art. 1549 ne le soumet pas à l'obligation de faire emploi des sommes qu'il a reçues; cette obligation n'existe donc pas, si d'ailleurs elle n'a pas été inscrite dans le contrat de mariage.

S'il accorde des délais au débiteur, il devient responsable de son insolvabilité postérieure.

L'art. 1550, relatif à la perception de la dot, l'affranchit de l'obligation de fournir caution, s'il n'y a pas été assujetti par le contrat. C'est une dérogation à l'art. 1562 qui le soumet à toutes les obligations de l'usufruitier, dérogation qui se fonde sur des motifs d'affection et de décence; la femme, après s'être confiée à son mari au point de lui livrer sa personne et ses biens, ne peut ensuite exiger la garantie de personnes étrangères. Le même motif avait porté Justinien à interdire même la sipulation que le mari fournirait une caution.

Actions en justice. « Le mari a seul le droit de poursuivre les débiteurs et détenteurs des biens dotaux. » En lui permettant de poursuivre les *débiteurs*, notre article lui confère l'exercice des actions personnelles soit mobilières, soit immobilières; et en lui permettant de poursuivre les *détenteurs*, il lui accorde l'exercice des actions réelles soit mobilières, soit immobilières; soit possessoires, soit pétitoires. Le mari est donc exclusivement et sans restriction investi de toutes les actions relatives à la dot, et cela tant en demandant qu'en défendant.

On peut se demander la raison de cette différence des pouvoirs du mari sous le régime que nous étudions et sous le régime de communauté; car il est évident que l'art. 1428, en bornant les droits du mari commun à l'exercice des actions mobilières et possessoires, entend lui retirer l'exercice des actions immobilières pétitoires. Une raison historique explique l'extension des pouvoirs du mari sous le régime dotal. En effet, tandis que le régime de communauté prend son origine dans le droit coutumier qui limitait le droit du mari aux actions mobilières et possessoires, le régime dotal nous vient du droit romain auquel les rédacteurs du Code ont emprunté la plupart des principes qui régissent cette matière, et d'après lequel notamment le mari, *dominus dotis*, avait le droit de revendication. Il est vrai qu'aujourd'hui le mari n'étant plus le *dominus dotis*, mais seulement administrateur, il eût semblé plus conforme à la raison de ne pas puiser dans la législation romaine une règle qui n'était, sous son empire, que la conséquence forcée d'un principe qu'on a maintenant effacé de notre droit; mais les rédacteurs ont pensé que pour laisser au régime dotal sa physionomie particulière, il fallait autant que possible remonter à ses sources et transporter dans notre droit tout ce qui du droit romain n'était pas incompatible avec nos temps et nos mœurs. Mais n'oublions pas que le mari n'agit au pétitoire qu'en vertu d'un mandat tacite qu'on présume lui avoir été donné par la femme.

Pour les actions conservatoires des droits de la femme, l'incurie du mari entraînerait des conséquences telles que c'est une question controversée que celle de savoir si, sur son refus ou sa négligence à les exercer, la femme ne pourrait pas se faire autoriser à agir elle-même. Mais le texte, dont le but a été de donner au mari la plus libre administration, est trop précis pour qu'on puisse se décider en sa faveur; d'ailleurs, elle ne reste pas sans ressources; indépendamment de son recours contre le mari, elle peut échapper au danger par une demande en séparation de biens (art. 1563).

Quelque généraux que soient les termes de l'art. 1549, nous appliquerons au régime dotal l'art. 818 d'après lequel le mari ne peut sans le concours de sa femme, ni provoquer le partage définitif des objets qui ne tombent pas en communauté, ni même y défendre. L'art. 1549 est, en effet, relatif aux biens dotaux; or, il n'y a rien de dotal jusqu'au partage qui seul déterminera les droits des copartageants; par conséquent, l'action en partage échappe à l'application de l'art. 1549. Il y a d'ailleurs même raison de décider; car pour les biens dotaux comme pour les propres, on peut craindre la spéculation du mari et sa collusion ave les copartageants pour exclure de la part héréditaire de la femme la chose qu'elle avait intérêt à conserver. Nous ne distinguons pas entre le partage judiciaire et le partage amiable, car ce dernier, offrant à la femme encore moins de garantie que le premier, nécessite encore plus son concours.

§ 2. *Droit de jouissance.*

Au mari, chef de l'association conjugale, on a donné le droit d'administration le plus large; au mari, seul chargé de suffire aux besoins du mariage, on a laissé les fruits ou intérêts qu'il peut retirer de la dot. Il a sur eux une propriété pleine et entière, avec cette seule restriction qu'ils doivent, jusqu'à concurrence des besoins, être affectés à leur destination spéciale. Si donc, une partie des fruits perçus suffit pour l'espèce d'impôt qui grève la jouissance du mari, les bénéfices que celui-ci réalisera lui appartiendront exclusivement, et s'il les emploie à l'acquisition de certains biens, ces biens devront lui rester. Il en serait tout autrement, si l'acquisition était faite au nom de la femme; mais alors celle-ci devrait lui tenir compte du prix de l'acquisition. Supposons maintenant que le mari emploie les bénéfices qu'il a réalisés à des améliorations sur le bien dotal; ces améliorations deviennent dotales; il ne peut pas être réputé co-propriétaire; mais il a droit à une indemnité égale ou à la plus-value ou à la dépense faite, selon que la plus-value sera inférieure ou supérieure à la dépense.

C'est par suite de son droit de jouissance, que l'art. 1562 le soumet à toutes les obligations de l'usufruitier. Ainsi, il ne doit entrer en jouissance qu'après avoir fait dresser, conformément à l'art. 600, un inventaire des meubles et un état des immeubles dotaux; il est responsable du défaut d'entretien, et il doit supporter, pendant sa jouissance, toutes les charges annuelles des héritages (art. 608). Ainsi encore, ses droits seront réglés comme ceux de l'usufruitier, selon la nature des choses comprises dans la jouissance et conformément aux art. 587 à 591.

Du reste, l'assimilation du mari et de l'usufruitier ordinaire n'est pas complète; ainsi :

1° L'art. 601 soumet ce dernier à la nécessité de donner caution de jouir en bon père de famille, s'il n'en est dispensé par l'acte constitutif d'usufruit; l'acte 1550 établit une dispense à cet égard relativement au mari, et n'excepte que le cas où il en aurait été question dans le contrat de mariage, cas auquel le mari devrait suivre les prescriptions de l'article 2018;

2° Tandis que l'usufruitier (art. 599) ne peut réclamer aucune indemnité pour les améliorations qu'il prétendrait avoir faites, encore que la valeur de la chose en fût augmentée, le mari, au contraire, y a droit. On n'a pas voulu en tenir compte à l'usufruitier ordinaire, parce qu'il aurait pu faire des dépenses qui auraient dépassé les facultés du nu-propriétaire. Mais cela n'est pas à craindre du mari qui se propose, dans ses améliorations, l'intérêt de la femme et des enfants. Et de plus, laisser les améliorations à la femme sans charge d'indemnité, ce serait favoriser une libéralité indirecte de la part du mari. Si on n'applique pas à celui-ci l'art. 599, on ne peut pas non plus lui appliquer l'art 590 d'après lequel l'usufruitier ou ses héritiers n'ont droit à aucune indemnité pour les coupes ordinaires qu'il aurait pu faire et qu'il a négligées. Ce défaut de coupe est pour le mari comme une amélioration dont il faut l'indemniser.

3° L'usufruitier acquiert les fruits par la perception, les fruits civils jour par jour; le mari, comme nous le verrons à l'art. 1571, acquiert jour par jour les fruits tant naturels que civils.

4° L'abus de jouissance peut entraîner l'extinction de l'usufruit (art. 618). Cela est vrai pour le mari, en tant seulement que cet abus aurait amené une séparation de biens;

5° On n'appliquera pas au mari l'art. 624, d'après lequel l'usufruitier d'un bâtiment ne peut continuer sa jouissance sur le sol et les matériaux du bâtiment détruit par accident ou par vétusté; car la jouissance du mari doit durer autant que le mariage.

De même que son droit d'administration, son droit de jouissance est donc un droit *sui generis*, qui est comme l'effet d'un mandat donné par la femme. De cette idée de mandat, on déduit qu'il n'est pas possible que le droit de jouissance puisse, comme celui d'un usufruitier ordinaire, être aliéné ou hypothéqué par lui, ou saisi par ses créanciers:

L'art. 1549 *in fine* permet à la femme de restreindre le droit de jouissance du mari, en stipulant dans le contrat qu'elle pourra toucher une partie de ses revenus pour son entretien personnel; cette stipulation ne l'autoriserait pas d'ailleurs à s'immiscer dans les actes d'administration. Elle peut même stipuler qu'elle aura la jouissance de toute la dot, car notre article n'a pas un sens restrictif; toutefois, il faudrait entendre cette stipulation, en ce sens qu'elle s'attribue seulement les revenus excédant les charges du mariage, car il ne lui est pas permis de les soustraire à ces charges. Enfin, la femme pourrait se réserver l'entière administration de sa dot, ou tout à la fois l'administration et la jouissance, parce qu'une pareille convention, n'étant pas contraire à la suprématie du mari, loin d'être défendue, est autorisée par l'art. 1387, qui proclame la liberté des conventions matrimoniales.

§ 3. *Du droit de propriété du mari sur certains objets dotaux.*

Nous venons d'étudier les droits du mari sur les biens dont la propriété reste à la femme. En principe, il est vrai de dire que la femme reste propriétaire de la dot ; mais par exception, le mari devient propriétaire :

1° Des objets mobiliers qui ont été donnés en dot au mari sur estimation (art. 1551). La règle que l'estimation vaut vente, a passé du droit romain dans notre droit, où elle n'a été admise cependant que relativement aux meubles. Ainsi donc le mari, devenu propriétaire des objets mobiliers estimés, est débiteur du prix d'estimation. On a supposé que cette estimation dénotait l'intention d'aliéner. Mais comme il peut se faire qu'on n'ait estimé ces meubles qu'afin de déterminer l'étendue de l'indemnité qui serait due par le mari pour détérioration ou perte survenues par sa faute, l'art. 1551 fournit à la femme le moyen d'en conserver la propriété, par la simple déclaration que l'estimation ne vaut pas vente. La loi suppose l'estimation faite par contrat; l'estimation faite postérieurement au mariage serait de nul effet (art. 1395) ;

2° Des choses fongibles, c'est-à-dire de celles dont on ne peut jouir qu'en les consommant. L'art. 1551 ne leur est pas applicable, et leur estimation n'est pas nécessaire pour en rendre le mari propriétaire ; telle est, en effet, leur nature qu'elles lui appartiennent en vertu de son droit de jouissance ; le quasi-usufruit des choses fongibles se confond avec le droit de propriété, avec cette restriction, que celui qui en devient le maître, doit ou le prix d'estimation, si l'estimation en a été faite, ou bien des choses semblables (art. 589);

3° Des immeubles livrés au mari sur estimation, avec déclaration que l'estimation vaut vente. L'art. 1552 sépare complétement les meubles des immeubles quant aux effets de l'estimation; pour les meubles, l'estimation vaut vente, sauf stipulation contraire; pour les immeubles, l'estimation ne vaut pas vente, sauf stipulation contraire. Si cette dernière stipulation est portée au contrat, le mari devient débiteur du prix et l'immeuble passe à ses risques et périls. La loi a cru devoir présumer plus facilement chez la femme l'intention d'aliéner les meubles, parce qu'on leur porte, en général, peu d'affection, et aussi parce qu'il est plus avantageux pour la femme, d'avoir, plutôt que des objets qui, le plus souvent, seront sans valeur par suite d'un long usage, une créance représentative de la valeur primitive de ces mêmes objets. Au contraire, le propriétaire est fort attaché à son patrimoine immobilier; il ne s'en sépare qu'à toute extrémité; aussi, la loi a-t-elle repoussé pour les immeubles la présomption qu'elle avait établie pour les meubles; le temps, d'ailleurs, n'a pas une influence aussi pernicieuse sur les premiers que sur les derniers.

Nous avons vu, en droit romain, qu'on n'appliquait pas les principes de la vente, au cas où l'un quelconque des époux aurait été lésé par l'estimation portée au contrat. Comme chez nous, un droit particulier n'a pas été créé à cet égard pour les époux, et comme d'ailleurs l'estimation vaut vente, elle doit produire les effets ordinaires de la vente; il faut donc décider qu'elle ne serait rescindable que si la lésion était de plus des sept douzièmes, et quand même la femme serait mineure, parce que les conventions matrimoniales des mineurs, faites avec l'assistance et le consentement de ceux qui doivent consentir au mariage, sont assimilées à celles des majeurs;

4° De l'immeuble acquis par le mari pendant le mariage avec les deniers dotaux, si la condition de l'emploi n'a pas été stipulée dans le contrat (art. 1553). Il est facile de s'expliquer pourquoi le mari est propriétaire de cet immeuble; son droit de jouissance l'avait déjà rendu propriétaire des deniers dotaux; il pouvait en user à sa volonté; s'il les a employés à l'acquisition d'un immeuble, cet immeuble doit lui appartenir, il ne peut pas être dotal, pour employer les termes de l'article 1553.

Si le contrat de mariage portait que les sommes reçues par le mari seraient employées à l'acquisition d'un immeuble, l'immeuble acquis avec ces sommes serait dotal, c'est-à-dire serait la propriété de la femme. Si la condition d'emploi était le résultat d'une convention entre le mari et la femme postérieure au contrat, l'immeuble ne serait pas dotal; car après le mariage, les conventions matrimoniales ne peuvent être changées (art. 1395); or, ce serait les modifier que de changer une dot mobilière en une dot immobilière.

CHAPITRE III.

§ 1er *De l'Inaliénabilité du fond dotal.*

Le Code n'a pas, en prescrivant l'inaliénabilité, le même

but que la loi *Julia*; car, loin de favoriser lès seconds mariages, il cherche à les empêcher en appliquant aux veuves qui se remarient certaines peines civiles (art. 399); son but a été, comme celui de Justinien, de protéger la femme contre sa propre faiblesse et contre l'influence de son mari; il a été de prévenir la dissipation et la perte des biens destinés à l'entretien des époux et de leurs enfants.

L'art. 1554 est ainsi conçu: « Les immeubles constitués en « dot ne peuvent être aliénés ou hypothéqués pendant le ma« riage ni par le mari, ni par la femme, ni par les deux con« jointement. »

Lorsque l'aliénation dérive du mari seul, elle n'est pas annulée par une conséquence de la dotalité, mais parce qu'elle émane d'une personne qui, n'étant pas propriétaire, n'a pu transmettre un droit qu'elle n'avait pas. Ce n'est pas non plus la dotalité qui annule. l'aliénation consentie par la femme seule; alors la nullité a pour cause l'incapacité de la femme, comme étant mariée. La dotalité empêche l'aliénation de valoir, lorsque l'immeuble a été aliéné par le propriétaire, c'est-à-dire par la femme, et que celle-ci a été rendue capable d'aliéner, c'est-à-dire quand elle a été autorisée de son mari ou de justice. Ainsi, dire que l'immeuble dotal est inaliénable, c'est dire que la femme, même autorisée, ne peut pas l'aliéner. Entendu autrement, l'art. 1554 n'aurait pas de sens, car sous aucun régime, la femme ne peut aliéner ses immeubles, si ce n'est lorsqu'elle a été relevée de son incapacité par l'autorisation maritale ou judiciaire.

L'art. 1554 ne proclame le principe d'inaliénabilité que pour les immeubles; faut-il en conclure, par application de la maxime *qui dicit de uno negat de altero*, que la dot mobilière reste aliénable?

Sur cette question, la plus importante de notre sujet, trois opinions se sont formées : la première regarde la dot mobilière comme aliénable, et laisse les valeurs qui la composent à la libre disposition des époux ; c'est celle à laquelle je me range. La seconde opinion voit dans l'esprit du régime dotal le moyen de déduire le principe d'inaliénabilité pour les meubles. Enfin, une opinion mixte, qui date d'un arrêt de la Cour de cassation de 1819, voulant concilier la protection due à la femme avec le besoin d'assurer la circulation des valeurs mobilières, laisse au mari toute liberté de disposition et borne à la femme les effets de l'inaliénabilité des meubles dotaux.

Il faut, avant d'énoncer les motifs sur lesquels on se fonde de part et d'autre, dégager de la discussion les points sur lesquels on se trouve d'accord.

Premier point. — La dot consiste en meubles corporels. S'agit-il de choses fongibles, ou bien de choses non fongibles mais estimées sans déclaration que l'estimation n'en fait pas vente, on reconnaît que le mari, en étant devenu propriétaire, en a la libre disposition. Les choses ne sont-elles ni fongibles ni estimées, leur aliénation, si elle a été suivie de livraison, met le possesseur à l'abri de toute espèce de revendication ; c'est la conséquence de la règle que *les meubles n'ont pas de suite*, règle reproduite par le Code en ces termes : « *En fait de meubles, possession vaut titre.* » Je relève ici une première inconséquence chez les partisans de l'inaliénabilité ; si, en effet, les meubles dotaux sont inaliénables, ils sont par cela même imprescriptibles ; comment dès lors leur appliquer la règle *en fait de meubles*, qui n'a pour objet que de créer une prescription instantanée? Quoi-qu'il en soit, d'après ce que nous venons de voir, il n'y aura, par rapport aux meubles corporels, d'intérêt à savoir si la dotalité les rendra ou non aliénables, que dans le cas où leur aliénation n'aura pas été suivie de livraison. Si on décide qu'ils sont aliénables, la femme qui aurait été autorisée par son mari à les vendre, pourra être forcée de les livrer à l'acquéreur; si on opte pour l'inaliénabilité, elle pourra les conserver; car alors la vente serait nulle.

Deuxième point. — Il est reconnu que le pouvoir d'administrer conféré au mari lui donne le droit d'aliéner dans une certaine mesure les meubles dotaux; même en les regardant comme inaliénables, on doit admettre cette restriction que comportent les droits du mari; le législateur, en lui confiant l'administration, lui a nécessairement permis un acte qui est souvent d'un administrateur habile.

Entrons maintenant dans la question. Et d'abord, écartons l'opinion qui distingue entre le mari et la femme, inscrivant pour l'un le principe de l'aliénabilité, pour l'autre la règle contraire.

On dit :

Comment expliquer le silence de l'art. 1551 à l'égard des meubles? Cela ne se peut qu'en remontant à ce qui se passait avant la rédaction du Code. Or, que voyons-nous en droit romain et dans l'ancienne jurisprudence? Une chose constante, à savoir : d'un côté la libre disposition de la dot mobilière, accordée au mari seul; car seul il en était le maître, et de l'autre côté, l'impossibilité pour la femme de s'obliger sur son mobilier dotal; il est vrai que cette impossibilité n'était pas le résultat de leur inaliénabilité, mais qu'elle procédait du sénatus consulte Velléien. Or, qu'a fait le Code? Il a fait le mari maître de la dot; il a, par l'art. 1551, restreint son droit quant aux immeubles; mais il n'a rien dit quant aux meubles; il les a donc laissés à sa disposition. Maintenant de ce que le mari a seul la libre disposition de la dot mobilière, son inaliénabilité par rapport à la femme en découle nécessairement; comment pourrait elle aliéner ce dont elle ne peut pas disposer?

Je réponds :

Les auteurs de ce système ont un mérite; c'est celui d'avoir trouvé au silence de l'art. 1551, à l'égard des meubles, une explication qui serait satisfaisante si elle n'était pas fondée sur une erreur : si la femme n'était plus propriétaire de sa dot mobilière, il était inutile d'inscrire à son égard le principe d'inaliénabilité, et quant au mari, la loi, suivant les traces du droit romain, n'aurait pas voulu lui en enlever la libre disposition. Mais ce système n'est pas admissible; sur quoi se fonde-t-il? Sur ce que le mari est le maître de la dot. Est-ce vrai? Avant Justinien, oui; non, sous l'empire de notre Code. Nous l'avons dit; l'art. 1549 accorde au mari l'administration des *biens dotaux*, c'est-à-dire tant des meubles que des immeubles, et il lui en attribue la jouissance; or, comment peut-on dire d'un administrateur et d'un usufruitier qu'il est propriétaire? cela implique contradiction. Dans ce système, les art. 1551 et 1552 seraient sans aucune utilité; nul besoin de déclarer le mari propriétaire d'une partie, s'il est propriétaire du tout. On combat par un autre argument le système que nous attaquons, et on le réfute par ses conséquences : C'est, dit-on, le droit du mari qui fait obstacle au droit de la femme ; eh ! bien, supposons cet obstacle levé ; la femme engage les meubles dotaux, mais le mari prête son concours à l'engagement ; la femme obtient une séparation de biens, elle rentre alors dans ses droits sur les meubles dotaux ; dans ces deux cas, le droit de la femme n'est plus paralysé ; et pour être conséquent, il faudrait admettre la possibilité pour la femme d'aliéner la dot mobilière et au cas du concours du mari dans l'engagement pris par la femme et au cas de séparation de biens. Mais on comprend que ces conclusions, si logiques qu'elles soient, sont repoussées par les partisans de ce système, parce qu'elles sont destructives du système lui-même.

L'opinion mixte que nous venons de réfuter a sa source dans les termes même d'un arrêt de la cour de cassation du 1er février 1819. Nous avons donc le droit de nous étonner, en voyant les partisans du système de l'inaliénabilité absolue de la dot mobilière, chercher à mettre leur système d'accord avec la cour suprême. Elle n'a pas pu, disent-ils, tomber dans la contradiction si visible que nous avons signalée. Eh ! bien, adoptons la même croyance ; oui, la cour, en interdisant à la femme l'aliénabilité de sa dot mobilière, ne s'est point proposée de la conserver au mari, qui se trouverait ainsi seul protégé par un système imaginé pourtant dans l'intérêt de la femme. L'inaliénabilité, elle n'en a pas trouvé la cause dans le droit du mari ; elle l'a vue dans l'ensemble des dispositions de la loi, elle l'a fait découler de l'esprit du régime dotal dont l'essence est toute dans la conservation de la dot ; d'où il suit que le mari lui-même ne peut aucunement en disposer.

Voyons s'il y a là quelque chose de fondé.

Tout d'abord, l'étude des textes nous est favorable. Prenons le titre de notre section II ; il est ainsi conçu « *Des droits du mari sur les biens dotaux, et de l'inaliénabilité du fonds dotal.* » Qu'est-ce à dire? Mais, dit-on, l'expression fonds dotal peut s'entendre non-seulement d'un immeuble, mais encore d'un fonds d'argent, d'un fonds de mobilier, d'un fonds de succession. Je crois cette explication trop forcée pour être sérieuse. N'est-il pas plus rationnel de ne voir dans cette expression que la reproduction du titre du Digeste *de fundo dotali*? Remarquons d'ailleurs qu'on oppose en quelque sorte *biens dotaux*, lorsqu'il s'agit des droits du mari, à *fonds dotal*, lorsqu'il s'agit d'inaliénabilité.

Cette opposition se retrouve dans divers articles ; aux art. 1449 et 1450, où il est question des droits d'administration et de jouissance, les termes employés sont ceux de biens dotaux, dot, termes qui par leur généralité comprennent tant les meubles que les immeubles. Au contraire, à l'art. 1554, qui pose la règle de l'inaliénabilité, la formule ne pourrait pas être plus restrictive : « *Les immeubles constitués en dot ne peuvent être aliénés*, etc. » La loi ne pose la règle que pour les immeubles ; donc les meubles restent aliénables.

Mais nos adversaires répondent avec les art. 1555 et 1556 qui en énumérant certaines exceptions à l'art. 1554 emploient les termes généraux *biens dotaux* ; il faut bien, disent-ils, que la dot mobilière soit inaliénable, puisque par exception on permet son aliénation.

On réplique que les mots *biens dotaux* n'ont dans ces articles d'autre signification que celle d'immeubles dotaux ; car ils sont, ainsi que ceux qui suivent jusqu'à l'art. 1560 sous la dépendance de l'art. 1554 : ce qui résulte bien clairement des derniers mots de celui-ci, *sauf les exceptions qui suivent*. »

et des premiers mots de l'art. 1560. « *Si hors les cas d'exception qui viennent d'être expliqués...* » Mais en admettant même que l'expression *biens dotaux* ait le sens étendu qu'on lui donne, est-il pour cela nécessairement vrai que le législateur ait voulu comprendre les meubles dans l'exception qu'il faisait au principe de l'art. 1554 ? Sa pensée a pu être celle-ci : « La femme pourra, si ses meubles sont insuffisants, donner des immeubles pour l'établissement de ses enfants. » Il embrasse les meubles dans un terme général, parce qu'il suppose que la femme préférant autant que possible conserver ses immeubles, emploiera tout d'abord sa dot mobilière à la dotation de son enfant. Mais la conclusion qu'on tire de là n'est pas rigoureusement logique. Sans doute, la loi nous dit quelque chose que nous savions déjà par l'art. 1554, à savoir que la dot mobilière reste aliénable. C'est peut-être un reproche à lui faire, mais alors il faudra le renouveler bien souvent dans les textes du Code; et pour prendre un exemple dans la matière même qui nous occupe, l'art 1554 ne nous dit-il pas que les immeubles ne peuvent être aliénés ou hypothéqués ni par le mari ni par la femme, ni par les deux conjointement ? Or, nous savions déjà que l'aliénation était impossible au mari seul, puisqu'il n'est pas propriétaire, qu'elle était impossible à la femme seule, puisqu'elle est en puissance du mari. Si on veut prêter à la loi une autre pensée, on dira que si elle a parlé des meubles, c'est parce que, même pour donner des meubles à ses enfants, la femme doit être autorisée (art. 905). Sans doute, il n'y a rien de certain dans cette supposition; car ce n'est qu'une supposition. Cela est vrai, mais ne nous la dissimulons pas, il y a déjà un grand pas de fait dans la question ; car l'argument que nos adversaires basent sur les art. 1555 et

1556 devient aussi une supposition, et le point d'appui qu'ils ont pris dans ces articles perd beaucoup de sa force et devient pour eux un terrain difficile à conserver : notre explication est plus plausible que celle des partisans de l'inaliénabilité, car si la loi distingue à l'art. 1551 les meubles des immeubles, et s'il les réunit aux deux articles suivants, c'est une preuve qu'elle ne veut pas qu'ils soient confondus.

Nous dira-t-on que l'induction de nos adversaires reste toujours possible? Mais si nous supposons avec eux que le législateur a voulu poser le principe d'inaliénabilité des meubles, au milieu des dérogations qu'il établit au principe de l'inaliénabilité des immeubles, nous devons trouver les art. 1557 et suiv. d'accord avec cette intention. Examinons-les ; à l'article 1557, la loi permet l'aliénation, quand cette aliénation a fait l'objet d'une stipulation au contrat de mariage ; mais elle parle seulement de l'immeuble ; le silence de l'article sur les meubles ne peut être expliqué que par leur aliénabilité. L'art. 1558 a trait uniquement aussi à l'immeuble dotal. Donc, la pensée que nos adversaires prête au législateur n'est plus même possible ; car autrement il faudrait dire que quand il s'agira pour la femme de tirer son mari de prison, de payer certaines dettes du constituant, elle pourra bien aliéner ses immeubles, mais non pas ses meubles. Il y aurait là un défaut d'harmonie bien invraisemblable de la part des rédacteurs du Code. Mais le défaut d'harmonie n'est pas l'unique reproche que nos adversaires sont forcés de faire au législateur ; ils doivent encore l'accuser d'inhabileté et même de perfidie ; car si on prend dans les art. 1555 et 1556 la règle de l'inaliénabilité des meubles, je dis que cette règle est posée de manière à devenir un véritable piége tendu à la bonne foi, et à former un mystère incompréhensible au plus grand nombre; car elle serait énoncée de la manière la plus obscure, dans des articles dérogeant au principe de l'inaliénabilité des immeubles.

Ainsi donc, résumons-nous :

Il n'est question dans le Code que de l'immeuble dotal, quand il s'agit d'inaliénabilité ; or, *qui dicit de uno negat de altero*. Et l'argument *a contrario* est ici d'autant mieux placé, qu'il nous ramène à un principe fondamental, à savoir qu'un propriétaire a le droit de disposer de sa chose (*jus abutendi*). Le propriétaire est dans notre cas une femme mariée. Donc cette femme, pourvu qu'elle soit autorisée, pourra aliéner sa dot mobilière.

Pour soutenir la thèse de l'aliénabilité, je tire argument non-seulement du texte, mais encore :

1° Du droit romain. Le régime dotal a été emprunté au droit romain, qui reconnaissait l'aliénabilité de la dot mobilière ; donc, en l'absence d'un texte formel, il faut admettre la même solution, sous l'empire du Code ;

2° De l'intérêt du commerce qui souffrirait de l'inaliénabilité donnée aux meubles dotaux, et de l'intérêt de la femme elle-même qui serait lésée si, comme le dit M. Troplong, dotée en rentes, actions ou créances, elle ne pouvait prévenir une baisse en les aliénant quand elles sont en hausse, ou devancer l'insolvabilité d'un débiteur.

Je tire un autre argument de la discussion qui s'engagea au conseil d'Etat à propos de l'inaliénabilité : le projet du Code portait que les biens dotaux ne seraient pas inaliénables, et même que toute convention contraire serait nulle, comme incompatible avec le droit de propriété de la femme et désastreuse pour la société entière. Que fut-il répondu, pour faire passer outre, en présence de motifs aussi graves? Il fut répondu, que ne pas admettre l'inaliénabilité, ce serait dénaturer le régime dotal. A la vérité, il ne fut pas question, lors de la discussion, de distinguer entre les meubles et les immeubles; mais pourquoi? parce qu'il était inutile de faire cette distinction; admettre le principe d'inaliénabilité sur le motif que son absence dénaturerait le régime dotal, c'était se référer à sa nature. Or, nous savons quelle était sa nature en droit romain.

On objecte que c'est à l'ancien droit français que le Code s'est référé, et que la dot mobilière y était inaliénable. Ainsi posée d'une manière absolue, cette dernière proposition s'éloigne beaucoup de la vérité. Sans doute une certaine tendance vers l'inaliénabilité des meubles s'est manifestée dans quelques pays du droit écrit; mais même dans ces pays, le principe de l'aliénabilité est demeuré toujours debout, puisqu'au dire de M. Tessier, qui est cependant partisan de l'inaliénabilité absolue, on n'avait pu s'y soustraire qu'en partie et en usant de distinction. Et quand même d'ailleurs, il y eût eu, dans l'ancienne jurisprudence, deux camps opposés sur cette question, le législateur, s'il eût voulu prendre l'une des deux opinions, aurait écrit un texte formel. Donc, il a voulu se référer au droit romain.

Les partisans de l'inaliénabilité, voyant les textes leur échapper et le terrain des conjectures historiques manquer sous leurs pas, se réfugient dans le seul asile qui leur reste; ils invoquent l'esprit de la loi. Le régime dotal, disent-ils, est éminemment conservateur; son but principal est d'empêcher la dissipation de la dot; or, il a été établi pour la femme qui n'a que des meubles aussi bien que pour celle qui n'a que des immeubles. Qui dit dotalité dit inaliénabilité. Donc il est de la nature du régime dotal que la femme qui a apporté des meubles soit protégée autant que celle dont l'apport est en immeubles.

D'abord, l'esprit de la loi n'est pas en faveur de l'inaliénabilité de la dot mobilière; l'esprit de la loi en cette matière est l'esprit de toute notre législation : les rédacteurs du Code ont toujours pris pour les immeubles un soin qu'ils dédaignaient de prendre pour les meubles; ils ont été dominés par ce vieux préjugé que la fortune mobilière, à raison de son peu d'importance, est indigne de la protection spéciale du législateur. Nous trouvons un exemple de cette influence dans la combinaison des art. 1401 et 1404 qui sont relatifs au régime de communauté; le premier de ces articles fait tomber en communauté tout le mobilier dont les époux étaient propriétaires avant le mariage; le second leur conserve en propres les immeubles qu'ils possédaient à ce même moment; pourquoi, en face de cette protection pour l'époux propriétaire d'immeubles, cette désertion des intérêts de celui qui n'a que du mobilier? *Quia vilis mobilium possessio*; il n'y a aucun autre motif. Veut-on un autre exemple? Le mari ne peut pas, sous le régime de communauté, et parce que la même influence s'est exercée sur le législateur, donner un immeuble de si mince valeur qu'il soit, et il pourrait faire une donation de 100,000 fr. en mobilier, pourvu qu'elle fût faite à titre particulier et sans réserve d'usufruit (article 1422).

Quant à cette considération que la femme qui n'a que du mobilier doit être protégée aussi bien que celle qui n'a que des immeubles, c'est au législateur seul à la peser; on pour rait donc tout au plus en induire, en admettant qu'elle ne fût pas combattue par d'autres plus sérieuses, que l'introduction d'un droit nouveau serait nécessaire ou utile.

Le dernier doute que je lèverai sur l'existence du principe de l'aliénabilité de la dot mobilière, ce sera celui qui résulterait de l'absence d'un texte formel pour l'établir. Ce texte, en effet, n'est pas nécessaire, ou s'il est nécessaire, il existe, car l'art. 544 nous dit que le droit de propriété comprend le droit de disposer de la chose dont on est propriétaire.

§ 2. *Conséquences du principe que l'immeuble dotal est seul inaliénable.*

Occupons-nous maintenant des conséquences de ce double principe : inaliénabilité de l'immeuble dotal, aliénabilité de la dot mobilière.

1° L'immeuble dotal ne peut être grevé d'hypothèque ni de servitude; toute aliénation, même partielle, toute constitution de droits réels tendant à amoindrir le droit de propriété, est par là même prohibée. Cependant, relativement aux servitudes, l'immeuble reste assujetti aux charges imposées par la loi en dehors de toutes conventions; car, d'une part, ce ne sont pas de véritables servitudes, puisqu'elles constituent l'état normal de la propriété, et, d'autre part, les espèces d'amoindrissement de la propriété, qui en sont le résultat, comme serait celui résultant, par exemple, de la cession de la mitoyenneté, sont forcées et non volontaires.

2° La femme ne pourra compromettre ni transiger relativement à sa dot immobilière ; et elle ne pourra pas compromettre sur sa dot mobilière, mais cela à cause du danger de l'acte (C. pr., art. 83 et 1001).

3° La femme ne peut pas renoncer, au profit des créanciers de son mari, à l'hypothèque légale qui garantit la restitution de sa dot immobilière, ni même la céder à ses propres créanciers. Ainsi, serait nulle la cession de son droit de priorité d'hypothèque, consentie même avant que le mari eût perdu l'immeuble; elle ne pourrait pas même restreindre son hypothèque; cette restriction me paraît une aliénation partielle de son droit. Mais elle peut, avec le consentement de son mari, subroger un tiers dans la créance qu'elle a contre le mari pour le recouvrement de sa dot mobilière, et donner mainlevée de l'hypothèque prise pour cette dot.

4° La femme ne peut pas, par les obligations qu'elle contracte durant le mariage, même avec l'autorisation de son mari, engager ses immeubles; leur inaliénabilité les rend insaisissables; et comme ce qui est nul (l'engagement de la femme) ne peut jamais valoir, leur saisie ne pourra pas être opérée, même après la dissolution du mariage, par suite des obligations contractées durant le mariage. Au contraire, le créancier pourra saisir les meubles dotaux, si la femme, rendue capable par une autorisation, a pris un engagement qu'elle ne remplit pas.

Suivant certaines personnes, l'inaliénabilité ne s'opposerait pas cependant à ce que la femme dispose par testament de ses immeuble dotaux, puisque la disposition n'aura d'effet qu'à la dissolution du mariage, époque de la cessation de l'inaliénabilité; on ajoute même qu'elle pourrait en disposer par acte entre-vifs en faveur de son mari, parce que cette donation reste révocable et ne peut avoir d'effet qu'à la mort de la femme. Mais ces solutions ne me semblent pas rigoureusement conformes au principe de l'art. 1554; car l'aliénation n'est pas permise à la femme, quand même elle reporterait l'exécution de l'aliénation à une époque postérieure à la dissolution du mariage.

Le principe d'inaliénabilité n'a pas pour conséquence l'incapacité pour la femme de s'obliger dans les termes du droit commun; ceux-là même l'admettent, qui ne croient pas à l'aliénabilité des meubles dotaux, sur le motif que l'inaliénabilité trouve sa raison d'être, non pas dans des considérations personnelles à la femme, mais dans la faveur accordée à la dot, à cause de sa destination.

L'inaliénabilité ne fait pas obstacle au rapport de l'immeuble dotal à la succession du constituant ; la femme ne peut pas être réputée faire par son acceptation une aliénation prohibée de l'immeuble dotal; car rien ne peut l'empêcher d'accepter la succession du constituant, et l'acceptation l'oblige au rapport. Si l'immeuble rapporté échoit à la femme, en vertu de l'art. 883, il n'a pas cessé de lui appartenir; il gardera donc son caractère de dotalité. A l'inverse, si la somme qui lui avait été constituée a été rapportée par elle à la succession, et qu'un immeuble lui échoit, cet immeuble n'est pas dotal.

Il résulte du principe d'inaliénabilité que les créanciers d'une succession acceptée par la femme purement et simplement, ne pourront point agir contre l'immeuble dotal, à raison des dettes de cette succession. Il est vrai que l'acceptation pure et simple, en confondant la fortune de l'héritier et celle du défunt, oblige l'héritier même sur ses biens. Mais cette règle reste sans effet, relativement à la femme dotale, par suite de la prohibition de l'art. 1554 ; on a bien posé certaines exceptions au principe de l'inaliénabilité ; mais on n'y a pas compris le cas de l'acceptation pure et simple d'une succession par la femme. Nous avons donc en présence deux dispositions : l'une générale, c'est celle qui rend l'héritier responsable de son acceptation, l'autre spéciale, c'est celle de l'art. 1554 ; cette dernière doit l'emporter. Observons qu'à la dissolution du mariage, l'obstacle qui s'opposait à l'exercice du droit des créanciers sur les immeubles dotaux aura disparu.

La séparation de biens laisse subsister l'inaliénabilité, car on ne peut pas remettre à la femme seule un pouvoir qui n'appartenait pas aux deux époux. La femme ne peut pas même substituer un tiers à la perception des fruits de l'immeuble, car tant qu'ils n'en ont pas été détachés, ils en font partie intégrante.

§ 3. *Exceptions au principe d'inaliénabilité.*

L'art. 1554 annonce *in fine* des exceptions au principe de l'inaliénabilité des immeubles. Il y a, en effet, plusieurs cas dans lesquels leur aliénation est permise. Nous diviserons ces cas en trois classes : la première comprenant ceux où l'aliénation peut être faite, soit avec la seule autorisation du mari, soit avec la seule autorisation de la justice ; la seconde, relative à l'hypothèse où l'aliénation n'est possible qu'avec l'autorisation du mari ; et la troisième, embrassant les cas où elle n'est permise qu'avec autorisation de justice.

I. La femme peut aliéner l'immeuble dotal, avec l'autorisation du mari, ou, sur son refus, avec celle de la justice :

1° Pour l'établissement des enfants qu'elle a eus d'un

mariage antérieur (art. 1555). Il faut entendre par établissement, non-seulement un établissement par mariage, mais encore tout ce qui peut procurer une position indépendante, et par enfants, même les petits-enfants. On va même jusqu'à permettre à la femme d'aliéner sa dot, pour exempter son fils du service militaire ; il faudrait alors, ce semble, que cette exemption lui permît de se procurer ou de conserver un établissement.

2° Pour toute cause, lorsque l'aliénation a été permise par le contrat de mariage (art. 1557) ; l'inaliénabilité est donc de la nature et non de l'essence du régime dotal. La faculté d'aliéner peut être pure et simple, ou accompagnée d'une condition, comme celle très usitée, de faire emploi du prix d'une certaine manière. Si elle est pure et simple, l'acheteur peut payer sans se préoccuper de rien ; mais le mari est garant de l'emploi du prix, car c'est lui qui le touche en sa qualité d'administrateur. Si la condition de l'emploi a été stipulée, la vente n'est valable que si la condition est accomplie ; c'est donc à l'acheteur de veiller à ce que l'emploi stipulé soit fait ; il peut jusqu'alors refuser de payer son prix.

Quoique l'art. 1557 se taise sur la stipulation de la faculté d'hypothéquer, il est hors de doute cependant qu'elle peut être faite ; cet article déroge, en effet, à l'art. 1554 dont les derniers mots « sauf les exceptions qui suivent » indiquent que les exceptions s'étendent aux deux défenses d'aliéner et d'hypothéquer. Mais la faculté d'hypothéquer est-elle renfermée dans la stipulation de la faculté d'aliéner? On oppose ceci : si la femme stipule l'aliénabilité de ses immeubles, c'est parce qu'elle se sent assez forte pour résister à son mari, quand il la sollicitera de commettre l'acte si grave de l'aliénation; mais si elle ne stipule pas l'hypothèque, c'est parce qu'elle craint de ne pas pouvoir résister aux instances de son mari, lorsqu'il voudra l'entraîner à consentir cet acte moins grave, et qu'elle veut se protéger contre sa propre faiblesse. Cette raison ne me paraît pas satisfaisante; j'adopte donc l'opinion qui comprend la faculté d'hypothéquer dans la stipulation de la faculté d'aliéner. Et, en effet, on ne conteste pas, en présence de cette stipulation, la faculté pour la femme d'établir une servitude, un usufruit; or, l'hypothèque est une espèce dans le genre aliénation; c'est un consentement donné d'avance à l'aliénation, si le remboursement de l'obligation n'a pas lieu au terme indiqué. Or, le moins est contenu dans le plus. En un mot, l'hypothèque est une aliénation; donc, si la femme a stipulé qu'elle pouvait aliéner, elle pourra aussi hypothéquer. Et c'est d'autant plus fondé que l'art. 1557, qui évidemment s'applique à l'hypothèque comme à l'aliénation, ne parle que de l'aliénation; c'est donc que la loi a compris l'hypothèque dans l'aliénation.

Si la femme avait stipulé la faculté de vendre, elle aurait fait une clause restrictive qui ne lui permettrait pas l'hypothèque.

Le pouvoir d'aliéner, embrassant tous les modes d'aliénation, embrasserait la faculté de transiger, et même de compromettre, s'il n'était défendu (art. 1004 C. pr.) de compromettre sur les causes qui, comme celles des femme dotales, sont sujettes à communication au ministère public.

Dans les hypothèses des art. 1555 et 1557, la femme peut recourir à l'autorisation de la justice, lorsque le mari refuse la sienne; mais si elle n'est autorisée que de justice, elle doit réserver la jouissance de ses immeubles à son mari, qui ne doit pas souffrir par l'effet d'une aliénation à laquelle il n'a pas consenti.

II. La femme peut aliéner, seulement du consentement du mari, l'immeuble dotal, pour l'établissement des enfants communs (art. 1556). Remarquons la différence qui existe entre les deux art. 1555 et 1556. Lorsque la femme veut aliéner son immeuble pour établir l'enfant qu'elle a eu d'un mariage antérieur ; elle peut se faire autoriser de son mari, et, sur son refus, de la justice ; il était à craindre, si l'autorisation de la justice n'avait pu suppléer celle du mari, que cet enfant ne fût sacrifié et privé d'un établissement par la mauvaise volonté de son beau-père. Mais lorsque la femme veut établir un enfant commun, l'autorisation de son mari peut seule lui donner le droit d'aliéner à cet effet son immeuble. La justice n'a pas à s'immiscer dans les causes qui pousseraient le mari à refuser son consentement à l'établissement de l'enfant commun vis-à-vis duquel il ne peut avoir de l'animosité. Si donc il refuse son consentement, on considère que de bons motifs l'empêchent sans doute de le donner. Il y aurait eu du danger à rendre les enfants communs indépendants en cela de la volonté de leur père.

Si la femme peut donner l'immeuble dotal pour l'établissement de ses enfants soit communs, soit d'un précédent mariage, elle peut, à plus forte raison, l'hypothéquer pour cette même cause.

La donation des biens dotaux est valable, quoique la femme possède des paraphernaux libres et suffisants ; qui pourrait se plaindre de ce que la femme a fait porter son choix sur les premiers plutôt que sur les seconds ? Le mari seul ; or, son droit est toujours sauvegardé, s'il refuse son autorisation.

Quand même la femme n'aurait pas désigné expressément quels biens elle entendait donner, les enfants auraient le droit de se faire payer indifféremment sur les biens dotaux et sur les biens paraphernaux; car il est vrai de dire, lorsque le privilége de l'inaliénabilité est effacé, que la femme est, comme tout débiteur (art. 2092), obligée sur tous ses biens. Mais pour que le privilége de l'inaliénabilité soit effacé, il faut se trouver dans une des exceptions établies par la loi; il faut donc qu'on puisse au moins induire de l'acte de constitution, qu'elle a voulu affecter l'immeuble dotal à l'établissement de ses enfants.

III. Dans les deux cas que nous venons de parcourir, l'aliénation peut être faite sans formalités de justice. Il n'en est pas ainsi dans le troisième. La femme, si elle a l'autorisation de la justice, que celle de son mari ne pourrait pas suppléer, peut aliéner l'immeuble dotal, mais seulement aux enchères et après trois affiches (art. 1558):

1° *Pour tirer de prison le mari ou la femme.* On a pensé que la famille avait plus d'intérêt à la liberté de l'un des époux qu'à la conservation de l'immeuble dotal. De la généralité des termes de l'article, nous tirons la conséquence qu'il s'appliquera même lorsqu'à raison de la nature de la dette, le mari pourait obtenir sa liberté par la cession de biens; et de la précision des termes, nous concluons que la dot immobilière ne pourrait être aliénée, s'il s'agissait seulement de prévenir l'emprisonnement de l'un des époux.

Si on suppose que la femme a été autorisée à l'aliénation pour tirer de prison son mari, mais que la vente a été consentie postérieurement à sa mise en liberté, la vente serait nulle. De même, si la femme a hypothéqué l'immeuble dotal, et que l'argent emprunté n'ait pas reçu sa destination, le prêteur ne peut pas faire vendre l'immeuble hypothéqué.

La femme doit évidemment consentir à l'aliénation, lorsqu'il s'agit de tirer son mari de prison, car elle n'est pas obligée de sacrifier sa dot à la liberté de son mari. Si c'est elle qui est détenue, son mari ne peut pas empêcher l'aliénation; mais on doit lui conserver intact son droit de jouissance.

2° *Pour fournir des aliments à la famille dans les cas prévus par les art.* 203. 205, *et* 206 *au titre du mariage*, c'est-à-dire pour fournir des aliments à ses enfants, à ses ascendants, et à ses beau-père et belle-mère suivant la distinction de l'art. 206. Cette exception s'explique d'elle-même en face d'une dette si naturelle et si légitime; elle doit être étendue aux époux eux-mêmes, lorsque la jouissance de l'immeuble dotal est insuffisante à leurs besoins; on sait que l'argent est généralement plus productif qu'un immeuble.

On doit entendre par aliments tous les objets de première nécessité; ainsi, la nourriture, et aussi les vêtements, l'habitation, et même l'éducation qui est le *pain de l'esprit*.

L'aliénation n'est possible dans notre cas que s'il est bien constaté qu'il ne reste plus d'autre ressource que le fonds dotal; mais cela suffit, il n'est pas nécessaire que les époux soient dans le besoin.

Si le fonds dotal ayant été aliéné pour cause d'aliments, le mari revient à meilleure fortune, il doit restituer à sa femme les valeurs dépensées, car lui seul est chargé de fournir des aliments à la famille, du moins tant que cela lui est possible.

3° *Pour payer ses dettes ou les dettes de ceux qui ont*

constitué la dot, lorsque ces dettes ont une date certaine antérieure au contrat de mariage.

La loi exige que les dettes aient une date antérieure au mariage *certaine*, car autrement une antidate aurait permis à la femme d'aliéner l'immeuble dotal ; le créancier doit s'imputer son défaut de précaution pour fixer la date de sa créance. Pour savoir si la créance a date certaine, il faut se référer aux principes généraux des obligations et appliquer l'art. 1328, d'après lequel les actes sous seing privé n'ont de date contre les tiers que du jour où ils ont été enregistrés, du jour de la mort de celui ou de l'un de ceux qui les ont souscrits, ou du jour où leur substance est constatée dans des actes dressés par des officiers publics, tels que procès-verbaux de scellé ou d'inventaire. Posée comme elle l'est, l'exception que nous étudions ne permet pas aux créanciers, dont les actes n'auraient pas de date certaine antérieure au mariage, d'en poursuivre le paiement sur la nue-propriété de l'immeuble dotal, comme ils le peuvent sous le régime de la communauté légale (art. 1410) ; elle ne permet pas même aux époux de demander l'aliénation pour éteindre une pareille dette. En cela, le législateur a eu un but ; c'était d'empêcher les époux d'éluder, par voie indirecte, le principe de l'inaliénabilité.

On considère comme dettes antérieures au mariage : les dettes contractées par la femme avant le mariage, quoique la liquidation soit postérieure à sa célébration, et les condamnations qu'elle encourt durant le mariage à raison d'un procès commencé avant le contrat.

Nous examinerons deux questions relatives à notre matière :

Première question. — Les créanciers de la femme ou du

constituant peuvent-ils saisir l'immeuble dotal, à raison de dettes antérieures au contrat?

S'il s'agit de dettes hypothécaires grevant les biens donnés, pas de difficultés; car la bonne foi même d'un débiteur ne peut nuire à un créancier hypothécaire.

Mais s'il s'agit de dettes chirographaires, nous distinguerons entre la constitution à titre universel et la constitution à titre particulier; et dans le premier cas seulement nous appliquerons l'article, si d'ailleurs la dette a date certaine antérieure au contrat. Ce n'est, en effet, que lorsqu'un transport de biens est à titre universel qu'il est censé fait sous la déduction des dettes; ainsi donc, si la constitution embrasse, par exemple, le quart des biens du constituant, les créanciers auront une action contre les immeubles dotaux pour le quart de leurs créances. Cependant il faut faire une restriction; car les créanciers, quoique chirographaires, peuvent saisir la dot constituée même *in re singulari*, lorsque la constitution a été faite en fraude de leurs droits; tout créancier, en effet, a le droit de demander la révocation de l'acte fait en fraude de son droit. Mais dans ce dernier cas, ils ne pourraient saisir que la nue-propriété de l'immeuble dotal, si le mari était de bonne foi, car il a reçu la dot à titre onéreux.

Nous tirons de là deux conclusions : 1° c'est la femme qui s'est dotée *in re singulari*, et elle était de bonne foi; les créanciers chirographaires ne pourront jamais d'abord agir sur l'immeuble dotal quant au droit de jouissance, puisque ce droit n'appartient plus à la femme; en sortant de son patrimoine, il a cessé d'être leur gage; ceci est incontestable. Mais je dis qu'ils ne pourront pas même saisir la nue-propriété, quoiqu'elle continue d'appartenir à la femme; en effet, la femme a modifié son droit même sur la nue-propriété, en se constituant l'immeuble en dot, car elle l'a rendue inaliénable; or, lorsqu'un débiteur modifie son droit de propriété, il modifie de la même manière le gage de ses créanciers; donc, les créanciers de la femme ne peuvent pas faire aliéner un bien qui est pour elle-même inaliénable; 2° le constituant a donné de bonne foi une dot individuelle; ses créanciers chirographaires ne pourront pas indubitablement saisir l'immeuble dotal qui est sorti de leur gage en sortant du patrimoine de leur débiteur; les créanciers de la femme ne pourront pas non plus saisir la dot qui n'a pu leur être engagée, puisqu'elle n'est entrée dans son patrimoine qu'avec le privilége de l'inaliénabilité.

Ainsi donc, les créanciers antérieurs à la constitution peuvent, sans recourir à l'autorisation de justice, faire vendre l'immeuble dotal, lorsque cet immeuble leur est hypothéqué, et en l'absence d'hypothèque, lorsque la dot comprend une universalité de biens, ou lorsque la dot, même individuelle, a été constituée en fraude de leurs droits.

Deuxième question. — Les époux doivent se faire autoriser par la justice à l'aliénation de l'immeuble dotal pour le paiement des dettes antérieures au contrat; mais le peuvent-ils, s'ils ne sont pas poursuivis par les créanciers? Nous répondons affirmativement, qu'il s'agisse des créanciers du constituant ou de ceux de la femme; et nous disons que, s'il est d'ailleurs reconnu que les époux n'ont pas d'autres ressources, la justice pourra les autoriser à l'aliénation, quand même elle aurait pour but de payer un créancier qui ne pourrait pas les saisir. En effet, 1° s'agit-il de payer les dettes de la femme, cette aliénation est peut-être nécessaire; si le créancier a le droit de saisir, parce que les époux évitent par là des frais considérables; et quand même il n'aurait pas le droit de saisir, lorsque les intérêts de la dette excèdent les revenus du fonds dotal; ainsi, si nous supposons une dette de 20,000 f. à 6 0/0 et un immeuble d'égale valeur rapportant 2 0/0, on comprend combien l'aliénation de cet immeuble sera, non pas seulement avantageuse, mais même nécessaire pour empêcher la ruine de la femme; 2° s'agit-il de payer les dettes du constituant, la nécessité de l'aliénation ne peut se faire sentir aux époux que lorsqu'ils ont à craindre la saisie du fonds dotal. Mais je dis que l'aliénation pourra être autorisée, même pour le paiement d'un créancier qui n'aurait pas le droit de saisie; car c'est cette hypothèse que le législateur a eue surtout en vue, lorsqu'il a permis l'aliénation pour le paiement des dettes du constituant : il a supposé le cas où, pour maintenir l'honneur du constituant, la femme demande qu'on lui permette d'aliéner l'immeuble dotal qu'elle pourrait cependant conserver. Il n'a pas pu se préoccuper de l'hypothèse du droit de saisie, dans laquelle l'autorisation serait toujours sans effet, et lorsque les créanciers ont conservé ce droit, et lorsqu'ils l'ont perdu, car alors l'aliénation serait impuissante à le faire revivre.

4° *Pour faire de grosses réparations indispensables pour la conservation de l'immeuble dotal.* — Il faut traduire cette exception en ce sens qu'un fonds dotal pourra être aliéné pour en réparer un autre, ou qu'une partie du fonds pourra être aliénée pour réparer le surplus. *Quid*, si le fonds ne peut être aliéné en partie? Je crois qu'alors l'aliénation pourra être faite en totalité; autrement, ce serait exposer le fonds à une ruine complète; cette hypothèse n'est pas prévue par la loi, mais la solution que nous donnons résulte de son esprit. Du reste, l'autorisation de l'aliénation pour cause de réparations ne sera donnée qu'après qu'il aura été reconnu que le mari lui-même n'a pas d'autre ressource; car le mari doit non seulement les réparations d'entretien, mais aussi l'avance des grosses réparations.

5° *Enfin, lorsque cet immeuble se trouve indivis avec des tiers, et qu'il est reconnu impartageable.* Nul n'étant tenu de rester dans l'indivision (art. 815), l'autorisation de justice n'est pas nécessaire lorsque le copropriétaire de la femme provoque le partage en nature, ni même lorsque ce partage est provoqué par la femme; à quoi bon demander l'autorisation de faire un acte qui ne peut pas ne pas être fait? Mais lorsqu'il s'agit d'un partage par licitation, l'autorisation de la justice est nécessaire; car il faut qu'elle s'assure si l'immeuble est réellement impartageable en nature. La loi n'a pas rendu l'autorisation nécessaire pour le partage en nature, parce que la femme recevant dans son lot une portion d'immeuble, sa dot est moins exposée que lorsque par l'effet de la licitation son droit immobilier se change en une somme d'argent.

La justice pourrait-elle refuser son autorisation? Je n'hésite pas à dire que l'autorisation ne peut être refusée, malgré les termes de l'art. 1558, l'immeuble *peut* être aliéné avec *permission de justice;* le sens potestatif de ces termes s'explique, en effet, par la faculté qu'a le juge de refuser son autorisation, lorsqu'il a reconnu l'immeuble partageable.

L'immeuble indivis peut être adjugé à la femme, à son mari, ou à un étranger. S'il est adjugé à la femme, il ne sera dotal que pour la part primitivement constituée en dot, à moins cependant que la femme n'ait fait une constitution de tous ses biens présents et à venir, cas auquel l'immeuble serait dotal en entier. Il faut d'ailleurs se reporter à la constitution; ainsi, l'immeuble est encore dotal en totalité, si, la femme s'étant constitué ses biens présents seulement, l'immeuble licité faisait partie d'une succession à elle échue avant le mariage, car par l'effet du partage, il est réputé lui avoir appartenu en entier, depuis l'ouverture de la succession; et il a été ainsi compris dans la constitution ; au contraire, l'immeuble resterait paraphernal pour les parts acquises sur licitation, si la femme l'avait constitué en dot pour la part qu'elle y avait. Donner une autre décision, ce serait permettre l'augmentation de la dot pendant le mariage, car on frapperait de dotalité une portion d'immeuble qui n'aurait pas été comprise dans la constitution.

Si l'immeuble a été adjugé à un étranger, la portion du prix qui revient à la femme est dotale, et il doit en être fait emploi comme telle.

Si c'est le mari qui s'est porté adjudicataire, nous distinguerons le cas où il a acheté pour sa femme, et celui où il acheté en son propre nom. Le premier cas rentre dans l'hypothèse où la femme s'est portée adjudicataire. Mais s'il a acheté pour lui, la part qu'avait la femme reste dotale; et à la dissolution du mariage, la femme a la faculté d'option accordée, sous le régime de communauté, par l'art. 1408, c'est-à-dire qu'elle peut soit retirer tout l'immeuble, en remboursant le prix d'acquisition, soit l'abandonner en se faisant tenir compte de la portion qui lui appartient dans le prix. Pourquoi n'appliquerait-on pas l'art. 1408 au régime dotal, puisqu'il y a parité de motifs, l'abus de la puissance maritale étant à craindre sous ce régime, aussi bien que sous le régime de communauté ?

L'art. 1558 termine ainsi : « *Dans tous ces cas, l'excédant du prix de la vente au-dessus des besoins reconnus restera dotal, et il en sera fait emploi comme tel au profit de la femme.* »

Voici la seconde fois que nous voyons le mot emploi figurer dans les dispositions relatives au régime dotal ; nous l'avons vu pour la première fois dans l'art. 1553. Nous devons donc donner quelques notions sur l'emploi.

Qu'est-ce d'abord que l'emploi ? L'emploi est une stipulation portée dans l'intérêt de la femme, soit par une clause du contrat de mariage, soit par la loi elle-même, stipulation restrictive du droit du mari, par l'obligation de la substitution à la chose dotale, d'une chose qui prend la place de la première. On dit qu'il y a remploi lorsque la chose substituée est acquise au moyen de l'aliénation d'un immeuble.

En dehors des cas où l'emploi est exigé par le contrat ou par la loi, il n'y a pas d'emploi. Ainsi, l'immeuble donné par le mari à la femme, en paiement de sa dot constituée en argent, après séparation de biens, ne constitue pas un emploi, s'il n'y a aucune clause à cet égard dans le contrat ; cet immeuble ne sera donc pas dotal, ainsi que nous le dit l'art. 1553 ; la disposition de cet article est très-sage, car elle empêche les époux de changer la nature de la dot.

Il ne suffit pas, pour qu'il y ait emploi, que la loi ou le contrat l'exigent ; les deux déclarations exigées par l'art 1434, sont encore nécessaires, ainsi que l'acceptation formelle de la femme (art. 1435).

L'emploi doit être fait selon qu'il a été dit au contrat, et à défaut de stipulations, en acquisitions dans l'intérêt de la femme. La chose acquise en emploi devient dotale; et si c'est un immeuble qui est acquis, il est régi par les règles de la dot immobilière.

L'obligation de l'emploi ou remploi réfléchit-elle contre les tiers débiteurs ou acquéreurs? La femme peut-elle les rendre garants de l'infraction? Oui, car le mari qui a dissipé l'argent de la dot sans faire l'emploi commandé est un mandataire qui a dépassé les pouvoirs à lui donnés; et les conventions qu'il a faites avec le tiers acquéreur ne sont valables que sous les conditions du mandat; de plus, ce tiers ne peut pas dire qu'il a ignoré la condition de celui avec qui il traitait. Le consentement même de la femme ne le protégerait pas; car ce consentement excéderait les bornes de sa capacité.

Sont donc responsables du défaut d'emploi le mari, et *subsidiairement* (car à quoi bon un circuit d'actions?) les tiers débiteurs ou acquéreurs. Ni le mari, ni la femme jusqu'à la dissolution du mariage, ou la séparation de biens, ne pourraient demander la nullité de l'aliénation de la chose dotale contre le tiers acquéreur, pour défaut d'emploi; car avant ces deux époques, l'emploi peut encore être utilement fait.

Après ces courtes notions sur l'emploi, revenons à la disposition *in fine* de l'art. 1558, et demandons-nous s'il y a pour tous ces cas d'aliénation de l'immeuble nécessité du consentement des deux époux.

Si les époux sont d'accord, la femme devra demander l'autorisation, et non pas le mari, car c'est elle qui aliènera.

Sur le refus de la femme de demander l'autorisation, la demande pourra être faite par le mari et dans certains cas elle aura de l'effet; ainsi, l'immeuble est menacé, parce qu'une saisie contre lui va être pratiquée; ainsi encore, il s'agit d'exécuter une obligation imposée à la femme, telle que celle de fournir des aliments à la famille; dans ces cas, parce que ce sont véritablement des cas de nécessité, l'autorisation peut être demandée par le mari, même contre le gré de la femme. Du reste, la femme n'en doit pas moins être mise en cause, afin qu'elle fasse connaître les motifs de son refus, car en définitive c'est elle qui aliène. Mais comme nous l'avons déjà vu, le mari n'obtiendrait pas autorisation contre le gré de sa femme, s'il s'agissait de le tirer de prison, parce que la famille est moins intéressée à sa liberté que lui-même.

Si c'est le mari qui refuse d'accéder à la demande, la femme pourra l'introduire malgré son refus et l'obtenir; l'art. 1555 fournit à cet égard un argument d'analogie. Mais alors doit-elle conserver intact le droit de jouissance du mari? Oui et non, car elle pourra ne pas faire cette réserve, si la cause de l'aliénation constitue une obligation pour lui comme pour la femme; ainsi, l'usufruit de l'immeuble pourra être aliéné, lorsque l'aliénation a pour cause de fournir des aliments à la famille, ou de faire de grosses réparations.

Faisons sur l'art. 1558 une dernière observation. Cet article prévoit seulement l'aliénation de l'immeuble dotal. Mais si le juge peut autoriser l'aliénation, il peut à plus forte raison autoriser l'hypothèque. Par l'emprunt que la femme aurait été autorisée à faire avec hypothèque sur le fonds dotal, ce fonds perdrait, jusqu'à concurrence de la somme empruntée, son caractère de dotalité.

§ 4. *De l'échange du fonds dotal.*

« L'immeuble dotal peut être échangé, mais avec le con-
« sentement de la femme, contre un autre immeuble de même « valeur, pour les quatre cinquièmes au moins, en justifiant « de l'utilité de l'échange, en obtenant l'autorisation en jus- « tice, et d'après une estimation par experts nommés d'office « par le tribunal. Dans ce cas, l'immeuble reçu en échange « sera dotal ; l'excédant du prix, s'il y en a, le sera aussi, « et il en sera fait emploi comme tel au profit de la femme. » (art. 1559).

L'immeuble dotal ne peut pas être aliéné ; mais il peut être échangé ; cela semble une inconséquence ; car on aliène en échangeant. Mais quelque grande que soit cette inconséquence, il y en aurait eu une plus grande à ne jamais permettre l'échange ; car le principe de l'inaliénabilité a été posé dans un intérêt de protection ; or, si l'échange n'était jamais permis, il tournerait contre ceux-là même qu'on aurait voulu protéger. D'ailleurs, la loi a subordonné la validité de l'échange à plusieurs conditions qui éloignent toute espèce d'abus :

1° Le consentement de la femme est exigé. Celui du mari n'est-il pas nécessaire ? Non, un droit accordé par la loi dans l'intérêt de la femme ne peut pas se trouver paralysé par le mauvais vouloir du mari ;

2° L'échange doit être utile, et l'utilité de l'échange justifiée. L'échange sera regardé comme utile, soit parce que l'immeuble qu'on se propose de recevoir en contre-échange, produit un plus grand revenu, soit parce que ce même immeuble est bien plus rapproché du domicile des époux ;

3° L'autorisation de justice doit être obtenue : la justice autorisera, si elle reconnaît l'utilité de l'échange ;

4° Un immeuble seul peut être reçu en contre-échange, et cet immeuble doit être de même valeur que l'immeuble dotal, pour les quatre cinquièmes au moins ; ce qui signifie que la valeur du premier ne doit pas être inférieure de plus d'un cinquième à la valeur du second. L'estimation des deux immeubles sera faite par experts nommés d'office par le tribunal.

On n'a pas prévu le cas où la valeur de l'immeuble reçu en contre-échange serait supérieure à celle de l'immeuble dotal ; le silence de la loi sur ce point me conduit à penser que, quelle que fût la différence de valeur, l'échange pourrait être permis, malgré cette circonstance. J'ai dit *malgré*, peut-être aurais-je dû dire *à cause* de cette circonstance ; car si la loi ne permet pas d'échanger l'immeuble dotal contre un autre d'une valeur bien inférieure, c'est par crainte que les époux n'agissent en vue de mettre la soulte à leur disposition ; d'ailleurs, un pareil échange, au lieu d'être utile, pourrait être désastreux pour la dot. Au contraire, si c'est la valeur de l'immeuble dotal qui est inférieure à celle de l'immeuble reçu en contre-échange, il y a là un motif qui assure les juges de la conservation de l'intégrité de la dot.

Aux termes de l'art. 1559, l'immeuble reçu en échange sera dotal. Nous savons que, s'il y a une soulte, la chose acquise par l'emploi de la soulte devient aussi dotale. Lorsque l'immeuble échangé a une valeur supérieure, à moins que le paiement de la soulte n'ait été fait avec les sommes dotales dont le contrat de mariage aurait stipulé l'emploi, cet immeuble ne devient dotal que jusqu'à concurrence de la valeur de l'immeuble aliéné. Plusieurs raisons s'opposent à ce qu'il soit dotal pour le tout ; d'abord, le Code ne permet pas d'augmenter la dot durant le mariage ; de plus, la femme pourrait trop facilement, si on dotalisait tout l'immeuble, consentir un pareil échange pour enlever à ses créanciers ses biens paraphernaux ; et enfin cette dotalisation fournirait au mari un moyen indirect d'avantager sa femme.

L'échange qui ne serait pas accompagné des formalités de l'art. 1559 ne dotaliserait pas l'immeuble substitué ; et la nullité pourrait en être demandée, mais non pas par le coéchangiste ; car les formalités de cet article sont prescrites dans l'intérêt de la femme.

Aucune formalité ne serait nécessaire, si le contrat de mariage autorisait l'échange ; et nous savons que l'échange est autorisé, lorsque le contrat porte faculté d'aliéner.

Nous avons parcouru le cercle des exceptions qu'a mises la loi au principe de l'inaliénabilité des immeubles. Une question, qui me paraît assez singulière, s'élève maintenant. C'est celle de savoir si d'autres exceptions n'existent pas.

Certains auteurs pensent que le principe de l'inaliénabilité doit s'effacer devant des considérations d'intérêt public, et qu'ainsi la femme répond sur sa dot immobilière des condamnations à raison de ses crimes ou délits. D'autres distinguent entre l'aliénation contractuelle et celle qui ne procède pas d'une convention, et ne croient l'art. 1551 relatif qu'à l'aliénation contractuelle ; d'où ils concluent que l'immeuble dotal peut être aliéné à raison des condamnations provenant des crimes ou délits, quasi-délits et quasi-contrats de la femme.

Pour nous, nous pensons qu'en dehors des art. 1555, 1556,

1557, 1558 et 1559, il ne faut en aucun cas faire fléchir le principe de l'art. 1554, parce que ce serait faire la loi. En effet, l'art. 1560 déclare expressément que hors les cas d'exception précédemment expliqués, l'aliénation consentie peut être révoquée ; c'est comme s'il nous disait que l'énumération faite est limitative. La question est donc ramenée à celle de savoir si le législateur a commis un oubli ; or, je dis qu'on ne peut pas imputer au législateur d'avoir oublié de faire une exception, même concernant les condamnations résultant des crimes ou délits de la femme, car il avait sous les yeux les lois 3, 4 et 5 *de bonis damnatis* au Digeste, qui permettent d'atteindre la dot à raison de cinq crimes spécialement déterminés ; et il venait de s'occuper des art. 1424 et 1425 relatifs aux condamnations résultant des crimes de l'un ou l'autre des époux communs. Mais, dit-on, le législateur n'a pas pu faire à la femme une position d'impunité que n'a pas le mineur lui-même, puisqu'il n'est pas restituable contre les obligations résultant de son délit (art. 1310). Je réponds qu'aucune considération, même celles tirées de la morale publique ou de l'intérêt social, ne saurait prévaloir, du moment où il est certain que le silence du législateur a été volontaire. D'ailleurs on explique son silence à l'égard même des condamnations résultant des crimes ou délits de la femme : l'inaliénabilité étant établie dans l'intérêt de la famille, c'est-à-dire dans l'intérêt même des enfants, il n'aura pas voulu, les crimes étant d'ailleurs personnels, que les conséquences du crime de la mère retombâssent sur les enfants, et qu'un acte coupable de sa part, le résultat peut-être d'un égarement passager, pût faire ce que n'aurait pu faire un acte raisonnable de sa volonté.

Cependant il faut dire, vu la loi du 3 mai 1841, que l'immeuble dotal, comme tout autre immeuble, peut être exproprié pour cause d'utilité publique.

§ 5. *De la sanction du principe d'inaliénabilité.*

D'après l'art. 1560, si en dehors des cas exceptionnels prévus, l'immeuble dotal a été aliéné par le mari, ou par la femme, ou par les deux conjointement, l'action en révocation de l'aliénation peut être exercée soit par le mari pendant le mariage, soit par la femme, même après la dissolution du mariage, ou même durant le mariage mais après la séparation de biens. L'article ajoute que l'action en révocation n'est pas prescriptible pendant le mariage, et que le mari est garant de l'éviction envers l'acheteur, à moins qu'il n'ait déclaré dans le contrat de vente la dotalité de l'immeuble.

La nullité de la vente du fonds dotal a pour unique cause le principe d'inaliénabilité, lorsque l'aliénation a été faite conjointement par les deux époux; mais si elle a été faite par l'un d'eux seulement, la nullité a encore pour cause soit l'incapacité de la femme, lorsque c'est elle qui a aliéné sans y être autorisée par son mari, soit la prohibition de la vente de la chose d'autrui, lorsque le mari a vendu seul.

La nullité de l'aliénation est-elle absolue ou relative? La nullité absolue avait été adoptée après la discussion au conseil d'état; mais sur la proposition du tribunat, les mots, l'*aliénation sera radicalement nulle*, furent remplacés par ceux-ci, *la femme ou ses héritiers pourront faire révoquer l'aliénation*, d'où, il semble résulter qu'on a écarté les idées de nullité absolue, et tant pour le cas où l'aliénation émane des deux époux conjointement ou de la femme seule que pour le cas où elle émane du mari seul, puisqu'aucune distinction n'est faite à cet égard.

Cependant beaucoup de personnes soutiennent que l'aliénation, simplement annulable lorsqu'elle a été consentie par la femme seule ou par la femme autorisée de son mari, est radicalement nulle lorsqu'elle émane du mari seul; et on croit le prouver en disant que celui qui n'est pas propriétaire ne peut pas transmettre une propriété même imparfaite, et qu'en conséquence l'action ouverte à la femme est une véritable action en revendication.

Cette distinction est trop contraire au texte, pour que je puisse l'admettre; on ne peut pas dire que les mots, *la femme ou ses héritiers pourront révoquer l'aliénation*, ne s'appliquent qu'au cas où l'aliénation a été consentie par la femme seule ou par la femme autorisée de son mari; car, loin que cette distinction soit faite, le second paragraphe de notre article porte que le mari demeure soumis aux dommages-intérêts de l'acheteur, à moins qu'il n'ait déclaré la dotalité du bien vendu: or, d'un côté, cette garantie n'est due que lorsque l'aliénation procède du mari seul; et d'un autre côté, si la vente procure dans ce cas à l'acheteur le principe d'une action, c'est qu'alors la vente n'est pas radicalement nulle. Je dis, en outre, en réponse au principe qu'on invoque, que le mari n'étant pas propriétaire ne peut transférer même une propriété imparfaite, je dis que ce même mari, dans le régime dotal, a seul, pendant le mariage, l'action en revendication qui pourtant compète bien au seul propriétaire. Il est vrai qu'elle ne lui compète que parce qu'on suppose un mandat tacite donné par la femme; mais nous pouvons supposer de même ce mandat, lorsqu'il s'agit de qualifier l'aliénation du bien dotal consentie par le mari seul.

Nos adversaires tirent de leur distinction deux conséquences importantes : la vente étant radicalement nulle, ils donnent à l'acheteur l'action en nullité, conformément à l'article 1599, à moins que la dotalité n'ait été déclarée ; en second lieu, l'acheteur étant soumis à une action en revendication et non à une action en nullité, la prescription est acquisitive et s'accomplira par 10 à 20 ans ou par 30 ans, selon que cet acheteur sera de bonne ou de mauvaise foi. Ceci, bien entendu, pour le cas où l'aliénation émane du mari seul.

Nous, au contraire, nous disons que, la vente étant seulement annulable, quel que soit l'époux qui ait vendu, la prescription est toujours libératoire de l'action en nullité, et par suite s'accomplira par 10 ans (art. 1304), et que l'acheteur, qui d'ailleurs a à s'imputer de ne s'être pas renseigné sur la qualité du bien qu'il achetait, ne peut point demander la nullité de la vente, même dans le cas où le mari aurait faussement déclaré que le bien qu'il vendait était sa propriété personnelle. J'appliquerais du reste l'art. 1653 qui permet à l'acheteur de suspendre le paiement de son prix, tant qu'il a juste sujet de craindre d'être troublé par une action. Une autre conséquence se déduit encore de notre règle : la nullité, étant seulement relative, peut être couverte par la ratification de la femme après la dissolution du mariage, ou même pendant le mariage si le contrat de mariage lui permet l'aliénation.

L'exercice de l'action en nullité est attribuée au mari, en sa qualité de chef de l'association conjugale, tant qu'il a l'exercice des actions de sa femme, c'est-à-dire jusqu'à la dissolution du mariage ou jusqu'à la séparation de biens; il lui est attribué, lors même qu'ayant consenti l'aliénation en son propre nom, il pourrait être considéré comme s'étant défait pour toujours de l'usufruit du bien vendu; et cela à cause de la destination de cet usufruit. L'action passe à la femme à la dissolution du mariage, ou même pendant le mariage après la séparation de biens. Il résulte de notre article, quoi qu'on en dise, que la femme ne peut pas l'exercer pendant le mariage avant la séparation de biens, lorsque le mari néglige de le faire; la loi a cru suffisamment la protéger en ne faisant pas courir la prescription contre elle jusqu'à la séparation de biens, et en lui permettant, si elle était exposée à perdre son immeuble par suite de dégradations commises par l'acheteur, de recourir à une séparation de biens. D'ailleurs, à part son action en révocation, la femme a encore une hypothèque légale sur les biens de son mari, qui garantit la créance résultant de la vente du bien dotal (art. 2121). Ces deux actions sont toutes deux principales; mais la femme n'a qu'une option entre elles.

Le mari étant censé, en sa qualité d'administrateur, avoir touché le prix de l'immeuble aliéné, doit le restituer à l'acheteur, quand même il ne serait intervenu dans la vente que pour autoriser sa femme. Il doit le restituer même à l'acheteur de mauvaise foi.

Mais quand, par l'application de l'art. 1560, devra-t-il des dommages et intérêts à l'acheteur? L'art. 1560, dans sa première rédaction, déclarait le mari sujet aux dommages et intérêts, *pourvu que l'acheteur eût ignoré la dotalité;* puis ces mots furent remplacés par ceux ci, *si le mari n'a pas* [illegible]*claré, dans le contrat, que le bien vendu était dotal,* sur le motif qu'il y aurait lieu à de grandes difficultés, lorsqu'il s'agirait de savoir si l'acheteur avait ignoré la dotalité, et qu'il valait mieux, par conséquent, que la preuve de sa mauvaise foi ne pût se puiser que dans le contrat même d'acquisition. Ainsi donc, malgré la connaissance par l'acheteur de la dotalité, le mari reste garant, s'il n'a pas, dans l'acte même de vente, déclaré que le bien vendu était dotal. Mais il ne suffit pas de l'absence de cette déclaration pour le soumettre aux dommages et intérêts envers l'acheteur, il faut de plus que l'aliénation du bien dotal procède de lui seul. Si, en effet, l'aliénation émane de la femme seule, le mari ne peut pas être garant, puisqu'il n'a pas figuré dans le contrat, et si elle émane de lui et de la femme conjointement, il est intervenu pour l'autoriser ; or, *auctor non se obligat*, puisqu'il ne contracte personnellement aucune obligation ; il est évident qu'il serait garant envers l'acheteur, s'il avait cautionné la femme.

Dans les deux cas où le mari n'est pas garant, la femme l'est-elle? Cette question est controversée; mais je crois qu'elle n'est pas garant, du moins sur son bien dotal ; car s'il en était ainsi, son action en révocation de la vente se trouverait paralysée; la crainte d'être obligée de payer une indemnité à l'acheteur l'empêcherait d'agir; et par là, ce que la loi elle-même déclare inaliénable, deviendrait aliénable par le fait.

CHAPITRE IV.

DE L'IMPRESCRIPTIBILITÉ DU FONDS DOTAL.

L'art. 1561 porte : « Les immeubles dotaux non déclarés

« aliénables par le contrat de mariage, sont imprescriptibles « pendant le mariage, à moins que la prescription n'ait com- « mencé auparavant. Ils deviennent néanmoins prescriptibles « après la séparation de biens, quelle que soit l'époque à la- « quelle la prescription ait commencé. »

Tout immeuble dotal n'est donc pas imprescriptible. L'imprescriptibilité ne protège pas :

1° L'immeuble déclaré aliénable par le contrat de mariage; on voulait faire cadrer l'imprescriptibilité avec l'inaliénabilité;

2° L'immeuble, à l'égard duquel la prescription a commencé avant le mariage; l'inaliénabilité qui vient frapper cet immeuble, ne produit ni interruption ni suspension dans la prescription déjà commencée. Cela fut admis sur le motif que la suspension de la prescription ne pouvait pas être la conséquence de l'adoption du régime dotal par la femme; on pensa qu'il valait mieux la laisser courir, parce que l'adoption par la femme de ce régime, étant totalement étrangère au tiers possesseur, (*res inter alios acta*), ne pouvait porter préjudice à ce dernier. Mais cette suspension n'en est pas moins une véritable dérogation aux principes; car l'inaliénabilité entraîne l'imprescriptibité, même vis-à-vis des tiers dont la possession a commencé avant l'établissement de l'inaliénabilité; c'est ainsi que l'on reconnaît que les servitudes qui ne sont pas à la fois continues et apparentes n'auraient pu être prescrites, quoique la possession des tiers eût commencé avant la promulgation du Code, si à ce moment cette possession n'était pas suffisante pour la prescription (article 691).

Il faut donc s'attacher au principe de la possession. En

nous y attachant, nous déciderons que si la possession du tiers a été inefficace jusqu'au mariage, il ne prescrira pas, parce qu'il possède un bien imprescriptible; tel serait le cas où le bien qu'il possède appartient à une femme qui, étant encore mineure, s'est mariée.

Lorsque la prescription commencée avant le mariage s'est accomplie dans sa durée, la femme peut recourir contre son mari, si d'ailleurs celui-ci est en faute (art. 1562).

3° Le fonds dotal, quoique inaliénable, devient prescriptible à partir de la séparation de biens; *quelle que soit l'époque à laquelle la prescription ait commencé*, nous dit l'article. Il faut remplacer le mot prescription par celui de possession; car si la possession peut commencer pendant le mariage antérieurement à la séparation de biens, il n'en est pas de même de la prescription, qui ne commencera qu'après que la séparation aura été prononcée.

Par l'introduction de cette exception, qui du reste n'existait pas dans le projet du Code, l'imprescriptibilité ne cadre plus avec l'inaliénabilité qui accompagne l'immeuble dotal, même au-delà de la séparation de biens, jusqu'à la dissolution du mariage. Et il doit sembler extraordinaire que l'immeuble dotal qui est imprescriptible jusqu'à la séparation de biens, parce qu'il est inaliénable, cesse au moment de la séparation d'être imprescriptible, tout en continuant d'être inaliénable. Le motif du 2° de l'art. 1561, est que la séparation donne à la femme la liberté de réclamer ses biens entre les mains des tiers, et qu'on ne peut en conséquence la considérer comme réputée retenue par la crainte conjugale. A dater de la séparation, elle est investie d'une indépendance d'action assez grande, pour que l'imprescriptibilité du fonds dotal puisse sans inconvénient être levée au profit des tiers. Au contraire, tant que la séparation de biens n'est pas prononcée, tout ce qui concerne l'administration et la conservation de sa dot, est de la seule compétence du mari; elle n'a pas même le droit de s'immiscer dans l'administration; il eût donc été bien rigoureux de faire courir contre elle une prescription dont l'effet aurait dépendu non de sa vigilance, mais de la vigilance ou de la négligence de son mari. Ces idées donnent la raison de l'existence de l'imprescriptibilité durant le mariage, et aussi de sa cessation après que la séparation de biens a été prononcée.

Mais il reste à expliquer une autre anomalie; car nous avons encore en présence deux choses contradictoires; à partir de la séparation, la femme ne peut pas aliéner directement l'immeuble dotal, mais elle peut l'aliéner indirectement, en négligeant d'interrompre la prescription qui court contre lui. On justifie cette contradiction en comparant l'aliénation directe à l'aliénation par prescription; si la femme trouve contre une aliénation directe, comme la vente, une protection dans le principe d'inaliénabilité, c'est qu'une pareille aliénation peut être l'œuvre d'un instant et le résultat d'un mouvement irréfléchi, et qu'elle n'a d'autre motif que de procurer à la femme des sommes qui seront ordinairement mal employées. Au contraire, dans l'aliénation résultant de la prescription, il n'y a rien de tout cela; car le temps que le possesseur met à prescrire donne à la femme les moyens de peser les conséquences de son abstention, et de réfléchir sur sa gravité; et de plus, la prescription ne lui procurera pas les sommes qu'elle trouverait dans une vente.

On a donc pensé qu'il était inutile de protéger la femme,

lorsqu'elle peut se protéger elle-même, et que son intérêt l'y invite fortement.

Nous entrons maintenant dans une question gravement controversée ; mais nous allons la dégager d'abord des points sur lesquels aucun doute n'est possible.

Deux articles du Code viennent apporter à la disposition de l'art. 1561 2°, de notables modifications.

1° D'après l'art. 2256 2°, la prescription ne court pas contre la femme, *pendant le mariage*, c'est-à-dire même après la séparation de biens, toutes les fois que l'action de la femme réfléchirait contre le mari ; ainsi, par exemple, lorsque le mari ayant vendu le bien de la femme sans son consentement, se trouve garant de la vente. Le motif de cette disposition est bien connu : la femme est considérée comme moralement impuissante à agir, du moment que l'exercice de l'action doit nuire au mari ; l'affection qu'il lui inspire ou la crainte qu'elle en a, lui défendent d'agir jusqu'au jour de la dissolution du mariage ; car ce n'est qu'à ce moment qu'elle est véritablement indépendante.

2° D'après l'art. 1304, la prescription à l'égard des actes passés par les femmes mariées non autorisées, court seulement du jour de la dissolution du mariage ; d'où il résulte qu'elle ne court pas, même après la séparation de biens. Le motif de l'art. 1304 est qu'il fallait protéger la femme, car elle aurait été retenue, dans l'exercice de son action, par la crainte de porter à la connaissance de son mari un acte qu'elle n'a fait que par une infraction à la puissance maritale ; en un mot, elle est moralement impuissante à agir.

Ainsi donc, la prescription est suspendue, même depuis la séparation de biens, lorsque l'action en nullité est de nature à réfléchir contre le mari ou motivée sur le défaut d'autorisation de la femme.

Mais s'il n'y a ni possibilité de réaction contre le mari, ni défaut d'autorisation, comme lorsque l'aliénation procède de la femme autorisée du mari, la prescription de l'action en nullité de cette aliénation commencera-t-elle à dater de la séparation, ou seulement à partir de la dissolution du mariage? En d'autres termes, le second alinéa de l'art. 1561 a-t-il modifié l'art. 1560, qui porte qu'aucune prescription ne court pendant le mariage, contre l'action de la femme en révocation de l'aliénation consentie soit par le mari, soit par la femme, soit par les deux conjointement?

Deux systèmes sont en présence.

Premier système. — L'art. 1560 suppose une prescription libératoire de l'action en révocation de l'aliénation consentie par l'un des époux seul ou par les deux conjointement; et l'art. 1561, une prescription acquisitive. Ainsi, lorsque le possesseur tiendra son droit de l'un quelconque des époux ou de tous deux, l'aliénation sera seulement annulable, et par conséquent donnera ouverture à une action en nullité dont la prescription s'accomplira par dix ans, conformément à l'art. 1304, mais commencera seulement à la dissolution du mariage (art. 1560). Mais si le possesseur ne tient pas son droit des époux, mais d'un tiers ou s'il est usurpateur, c'est le cas de l'art. 1561, il est soumis à une action en revendication qui se prescrira par dix à vingt ans ou par trente ans, selon qu'il sera de bonne ou de mauvaise foi, mais dont la prescription commencera à l'époque de la séparation de biens si sa possession est antérieure à cette séparation, et si elle lui est postérieure, à l'époque où sa possession aura commencé.

On le voit, d'après ce système, le fonds dotal n'est prescriptible après la séparation de biens, que lorsque le possesseur est sans titre émané des époux ; et les art. 1560, 1304 et 2225, qui parlent de l'époque de la dissolution du mariage, sont parfaitement d'accord ; quant à l'art. 1561, il règle une autre matière. Que si on objecte ces mots de l'art. 1560, *la femme aura le même droit* (*de faire révoquer*) après la séparation de biens, on répond que la loi n'a pas eu pour cela le but de la mettre en demeure d'agir, de lui imposer l'exercice de l'action sous peine de déchéance ; son but a été d'accroître seulement ses moyens de défense.

Deuxième système. — Le système précédent n'est pas le plus suivi. On dit généralement que le second alinéa de l'art. 1561 a modifié et le premier alinéa du même article et l'art 1560. On s'appuie surtout sur l'ancien droit, et aussi sur l'art. 2225 qui renvoie à l'art. 1561 ; ce qui paraîtrait impliquer que ces deux articles traitent la même hypothèse. Ce système admet à la règle de l'art. 1561 les deux exceptions que nous avons signalées, et qui proviennent l'une de l'art. 2256 2° et l'autre de l'art. 1304 ; d'où, l'art 1561 resterait applicable en dehors des hypothèses que prévoient les deux dispositions précédentes ; ainsi, on l'appliquerait, non-seulement lorsque le bien dotal aurait été usurpé sur les époux, mais encore lorsque la vente en aurait été faite par la femme autorisée de son mari, etc,

Je préfère le premier système ; l'art. 1560 est trop positif ; et cette opposition entre deux articles qui se suivent serait fort extraordinaire. La conciliation que j'accepte amène une plus grande simplicité : on n'a pas à se demander si l'aliénation est nulle pour défaut d'autorisation ou si l'action devait ou non réfléchir contre le mari ; dans tous les cas d'aliénation émanant des époux ou de l'un d'eux seulement, l'action en nullité demeure imprescriptible jusqu'à la dissolution du mariage.

CHAPITRE V.

DE LA SÉPARATION DE BIENS ET DE SES EFFETS.

Sous le régime dotal, les biens constitués peuvent courir de grands risques, même les immeubles, malgré leur inaliénabilité. Ainsi, le mari a été contre la prohibition de la loi ; il a, en dehors des exceptions prévues par le Code, vendu le fonds dotal, et l'acheteur le détériore ; ou bien c'est le mari lui-même qui le dégrade ; par exemple, en faisant des coupes avant le temps voulu. Dans ces hypothèses et autres où la dot peut être mise en péril, la femme, porte l'art. 1563, peut poursuivre la séparation de biens, ainsi qu'il est dit aux articles 1443 et suivants. Ainsi, la séparation pourrait encore être demandée, parce que les créanciers du mari saisissent les fruits du bien dotal au fur et à mesure de leur perception, et vont amener indirectement, en privant le ménage de ses ressources accoutumées, la nécessité d'une aliénation ; et elle pourrait encore être demandée, alors même que ces saisies ne devraient pas entraîner une aliénation ; par ces saisies, en effet, la dot périclite, puisque, d'après d'après la définition de l'art. 1540, la dot embrasse tant les revenus que le capital.

Du renvoi de l'art. 1563 aux art. 1443 *et suivants*, on avait tiré la conséquence que l'art. 1449, qui permet, après la séparation, à la femme commune autorisée, l'aliénation de ses immeubles, était applicable à la femme dotale, et qu'ainsi le principe de l'inaliénabilité devait s'effacer au moment de la séparation de biens. Mais cette objection a disparu d'elle-même, lorsque l'on a eu remarqué que le renvoi de l'article 1563, d'après les termes employés (*peut poursuivre*), avait pour but seulement de faire appliquer à la femme dotale et à la femme commune, les mêmes formes à suivre pour obtenir une séparation. La séparation de biens ne change donc pas les effets de l'inaliénabilité.

La séparation enlève au mari l'administration et la jouissance des biens dotaux; cette jouissance passe à la femme, ainsi que l'exercice des actions qui concernent ces mêmes biens. Nous savons de plus que, malgré leur inaliénabilité, les immeubles dotaux peuvent, à dater de la séparation, s'échapper des mains de la femme par l'effet d'une prescription acquisitive.

L'art. 1448 est applicable à la femme dotale séparée; elle devra donc contribuer aux charges du mariage proportionnellement à ses facultés et à celles du mari, et, si celui-ci n'a rien, les supporter entièrement.

Enfin, la séparation de biens fait naître pour le mari l'obligation de restituer la dot.

CHAPITRE VI.

DE LA RESTITUTION DE LA DOT.

Les causes de restitution de la dot sont : la dissolution du mariage, la séparation de biens et l'absence déclarée de l'un des époux (art. 123). En dehors des deux cas de séparation et d'absence, la dot n'est pas restituable dans le cours du mariage ; et une restitution opérée prématurément ne libérerait pas le mari ; en effet, on ne peut pas se libérer avant d'être débiteur ; or, en dehors des cas de séparation et d'absence, le mari n'est débiteur de la dot qu'à la dissolution du mariage ; en restituant auparavant, il a donc fait une donation et non un paiement. Cependant si le mari prouve qu'à la dissolution du mariage, la femme est encore plus riche par suite de la restitution qu'il lui a faite, il sera libéré jusqu'à concurrence de ce dont elle est enrichie.

La dot doit être restituée à la femme ou à ses héritiers. Si la femme est encore mineure, elle devra, quoique émancipée par le mariage, se faire assister d'un curateur pour faire opérer la restitution (art. 482). Il peut arriver que le droit d'exiger la restitution n'appartienne pas à la femme ou à ses héritiers, mais au constituant ; ainsi, lorsque celui-ci a fait sur le droit de retour une stipulation expresse en sa faveur, ou lorsque c'est le cas du droit de retour légal établi par l'art. 747.

§ 1er. *Des choses qui doivent être restituées.*

1° La dot consiste en immeubles. Aux termes de l'art. 1564, le mari ou ses héritiers peuvent être contraints de la restituer sans délai à la dissolution du mariage. Cet article suppose évidemment que l'immeuble n'a pas été estimé, ou s'il l'a été, que l'estimation n'a pas été accompagnée de la clause qu'elle valait vente ; car si une pareille clause avait accompagné l'estimation, le mari devrait restituer, non pas l'immeuble, mais le prix d'estimation.

Quand l'immeuble est restituable en nature, il doit être restitué en bon état ; le mari est responsable des détériorations provenant de sa négligence. D'un autre côté, il a droit au remboursement des grosses réparations qu'il a fait faire, et dont il devait seulement l'avance. Et nous avons dit qu'il pouvait réclamer une indemnité pour les améliorations qu'il a apportées au bien dotal, quoique l'art. 599 ait refusé ce droit à l'usufruitier ordinaire ; mais il n'a droit qu'à la dépense faite, quoique la plus-value excède cette dépense, de même qu'il n'aurait droit qu'à la plus-value, si la dépense excédait la plus-value.

L'obligation de restitution s'étend aux accessoires du bien dotal, tels que les instruments aratoires qui le garnissaient au moment du mariage.

2° La dot consiste en meubles corporels. Il faut distinguer : ou bien ces meubles sont restés la propriété de la femme, soit parce qu'ils n'ont pas été estimés, soit parce que l'ayant été, l'estimation a été accompagnée de la clause que cette estimation n'en était pas la propriété à la femme : alors la restitution doit s'opérer en nature, ou bien ces mêmes meubles sont devenus la propriété du mari, parce qu'ils ont été estimés purement et simplement ; dans ce cas, c'est le prix d'estimation qui est dû.

Si la constitution portait sur des choses fongibles, le mari devrait rendre, quand même les choses par lui reçues auraient péri, l'équivalent de ce qu'il a reçu, c'est-à-dire soit le prix d'estimation, si ces choses ont été estimées, soit des choses de même nature, quantité et qualité, si elles ont été livrées sans estimation (art. 587).

« Si les meubles, dont la propriété est restée à la femme, « ont dépéri par l'usage et sans la faute du mari, il ne sera « tenu de rendre que ceux qui resteront et dans l'état où ils « se trouveront (art. 1566). Et néanmoins, ajoute le même « article, la femme pourra, dans tous les cas, retirer les lin- « ges et hardes à son usage actuel, sauf à précompter leur « valeur, lorsque ces linges et hardes auront été primitive- « ment constitués avec estimation. »

Il y a dans cette dernière disposition, deux dérogations aux principes admis en matière de restitution de dot.

Première dérogation. — Par un argument *a contrario* tiré de l'art. 1551, pour les objets mobiliers non estimés ou bien mis à prix par le contrat, mais avec déclaration que l'estimation n'en fait pas vente, la femme en reste propriétaire, à moins que ce ne soient des choses se consommant *primo usu*. Donc, d'après les règles ordinaires, le mari devrait rendre les linges et hardes que la femme s'est constitués, ainsi que nous venons de le dire, car ce ne sont pas des choses fongibles, de même qu'il devrait reprendre les linges et hardes actuellement à l'usage de la femme, qui ont été achetés à ses frais. Mais l'art. 1566 décide au contraire que la femme pourra conserver ceux servant à son usage actuel, qu'on lui laisse comme en substitution de ceux qu'elle a apportés en dot et qui probablement n'ont plus de valeur, si toutefois ils existent encore. Cette espèce de privilège a été dictée par un motif de décence, et son absence serait même choquante ; comment, en effet, la femme pourrait-elle, sans être blessée, voir passer en des mains étrangères des vêtements qu'elle a portés?

Deuxième dérogation. — Lorsque les meubles apportés par la femme ont été estimés, sans déclaration que l'estimation ne vaut pas vente, le mari en est devenu propriétaire, et reste débiteur du prix d'estimation. En faisant entrer les linges et hardes dans cette hypothèse, on devrait décider d'après les règles ordinaires que le mari doit le prix d'estimation, mais qu'il a le droit de reprendre tant les linges et hardes constitués que ceux à l'usage actuel de la femme. D'après l'art. 1566 2°, le droit de la femme est différent ; elle peut retenir ce qui est à son usage actuel ; sauf à en déduire la valeur sur le prix d'estimation dont elle est créancière. Cette valeur dont la femme doit tenir compte au mari, est-ce le prix d'achat ou la valeur actuelle? C'est la valeur actuelle, car autrement il pourrait se faire que la femme trouvât un désavantage dans ce que la loi lui accorde comme une faveur.

L'art. 1566 2° donne à la femme un droit d'option ; elle pourra donc suivre les règles ordinaires, et, par exemple, prendre les linges et hardes qu'elle s'est constitués sans estimation, en laissant alors ceux qui auraient remplacé ceux qui n'existeraient plus, ou en ne les prenant qu'en payant leur valeur.

Il ressort de la disposition de l'article que si la femme, usant du bénéfice qui lui est accordé, reprend, en remplacement des linges et hardes primitivement constitués avec estimation, ceux qui sont à son usage actuel, elle aura droit, si la valeur des premiers est plus considérable que celle des seconds, à la différence existant entre ces deux valeurs. Mais si c'était l'inverse? Si les linges et hardes actuels étaient supérieurs en valeur à ceux primitivement constitués, la femme ne devrait pas compte de la différence; car le mari, qui connaissait le droit d'option de la femme, a eu, en mettant un prix plus élevé aux linges et hardes actuels, l'intention de lui faire un cadeau, qui reste valable dans les limites de la quotité disponible.

On doit entendre par linges et hardes tout ce qui forme la garde-robe. Il est évident que les diamants n'en font pas partie.

3° La dot consiste en meubles incorporels. L'art. 1567 porte : « Si la dot comprend des obligations ou constitutions « de rentes qui ont péri, ou souffert des retranchements qu'on « ne puisse imputer à la négligence du mari, il n'en sera pas « tenu compte, et il en sera quitte en restituant les contrats. » Si donc aucune faute n'est imputable au mari, et si d'ailleurs il n'a pas pris à sa charge la solvabilité du débiteur, il n'est point garant; il est libéré en rendant les contrats ou, pour parler plus exactement, les titres qui constatent le droit de la femme. Ceci est conforme aux principes, car la femme reste propriétaire de la créance, du moins au cas où elle n'a pas été estimée. Car si le transport en avait été fait au mari dans le contrat de mariage, la perte ou les retranchements seraient pour lui. Du reste, le transport ne résulterait pas, comme pour les meubles corporels, de la seule mention du montant de la créance, car cette mention est indispensable pour fixer le *quantum* de la restitution; si cependant le chiffre était porté à un taux différent du capital nominal, il y aurait véritablement une estimation, qui produirait les effets ordinaires.

La responsabilité du mari est d'autant plus grande qu'il a seul le droit de poursuivre les débiteurs; si, par exemple, il a accordé un délai au débiteur, ou s'il n'a pas renouvelé à temps une inscription hypothécaire qui l'aurait fait venir en rang utile, il doit s'imputer l'insolvabilité survenue depuis ; s'il a fait novation de la créance, il a fait de cette créance sa propre créance.

4° C'est un usufruit qui a été constitué en dot. D'après l'art. 1568, « si un usufruit a été constitué en dot, le mari « ou ses héritiers ne sont obligés, à la dissolution du mariage, « que de restituer le droit d'usufruit, et non les fruits échus du- « rant le mariage. » La loi suppose que ce qui a été constitué en dot, c'est le droit de percevoir les fruits pour que le mari en dispose à sa volonté ; elle établit même à cet égard une présomption, parce qu'elle a considéré que d'ordinaire les fruits ne sont pas capitalisés, mais employés, au contraire, aux besoins de chaque jour : or, c'est ce qui a été constitué, c'est-à-dire le droit d'usufruit, qui doit être restitué ; cette restitution s'opère par la remise du titre qui en prouve l'existence. Mais la femme peut avoir stipulé la dotalité des fruits perçus, et constitué en dot, non pas le droit d'usufruit lui-même, mais les fruits à percevoir, de manière que le mari n'ait eu, pour subvenir aux charges du mariage, que les fruits des fruits ou les intérêts des intérêts capitalisés ; alors le mari, si la femme avait établi ce point par une stipulation formelle, devrait restituer et le titre constatant l'existence de l'usufruit, et les fruits ou intérêts dont il a joui comme d'autant de capitaux.

Ce que l'art. 1568 dit du droit d'usufruit est applicable au droit d'usage et d'habitation, et aussi (art. 588) à la rente viagère constituée en dot.

Si l'usufruit constitué s'est éteint pendant le mariage, par exemple, parce que la chose sur laquelle il portait a péri, le mari qui n'a aucune faute à se reprocher, est libéré; on lui applique la maxime : *debitores certi corporis hujus corporis interitu liberantur*. Si, au contraire, la perte de l'usufruit lui est imputable, il doit réparer le dommage causé par sa négligence.

§ 2. *Du délai pour la restitution de la dot.*

A l'égard de ce délai, le Code a emprunté à l'ancien droit romain et au droit de Justinien. Si le mari doit des corps certains, meubles ou immeubles, l'obligation de les restituer est exigible dès qu'elle est née. Mais pourquoi peut-il être contraint de les restituer immédiatement, à la dissolution du mariage (art. 1564)? Parce que de deux choses l'une : ou bien ils ont péri, et alors, si c'est par cas fortuit, le mari est libéré, et si c'est par la faute du mari, notre règle n'est plus applicable, car il ne doit plus un corps certain; ou bien ils n'ont pas péri, et alors le mari, qui a dû les conserver en nature, doit les avoir en sa possession. S'il ne les a plus en sa possession, il ne doit plus inspirer assez de confiance pour qu'on lui accorde le bénéfice d'un délai.

Si le mari doit une somme d'argent ou toute autre quantité, la restitution ne peut en être exigée qu'un an après la dissolution du mariage (art. 1565); cette somme ou quantité peut n'être pas en sa possession; et il est d'autant plus équitable qu'il ait un délai pour se les procurer, qu'il ne pouvait pas s'attendre à l'événement qui l'a rendu débiteur.

Que décider, si l'obligation du mari a changé de nature, si débiteur primitivement d'une somme d'argent, il est ensuite devenu débiteur d'un corps certain? Par exemple, le contrat porte la clause d'emploi pour la somme d'argent qui a été constituée, et l'emploi a été fait, avant que fût née l'obligation de restituer. Il faut dire que le mari est débiteur d'un corps certain, et que par conséquent, il doit faire une restitution immédiate : car on doit toujours considérer la nature de la chose due, au moment où commence l'obligation de restituer. D'après cette règle, nous déciderons que si la dot, consistant d'abord en un corps certain, a été convertie en une somme d'argent, le mari jouira du délai de l'an pour en opérer la restitution. Mais cela n'est vrai qu'autant que la métamorphose du corps certain en une somme ne procède pas de la faute du mari ; car *nemo ex suo delicto meliorem suam conditionem facere potest*. Ainsi, le mari a dégradé l'immeuble dotal, et il se trouve par là débiteur de dommages et intérêts ; il doit restituer immédiatement l'indemnité qu'i doit.

Le mari ne jouirait, pas du délai de l'an pour la restitution des sommes ou quantités dont il est débiteur ; s'il est tombé en faillite (art. 1188).

Il n'en jouirait pas non plus au cas de séparation de biens, puisque la femme est obligée (art. 1444), de poursuivre la répétition de sa dot dans la quinzaine qui suit le jugement de séparation. D'un autre côté, quoique l'art. 1565 semble n'attribuer au mari le délai de l'an qu'au cas de dissolution du mariage, ce délai lui serait accordé, au cas où la séparation de biens ne serait que la conséquence d'une séparation de corps ; à moins cependant que la preuve ne fût faite par la femme que sa dot est en péril. Cette décision se justifie d'elle-même, si on considère que les mêmes motifs qui ont fait admettre le délai pour le cas de dissolution du mariage, existent-

et ont la même force quand il s'agit d'une séparation de corps, et qu'ils ne peuvent être combattus par d'autres que par ceux résultant du péril couru par la dot.

Le Code ne s'est pas expliqué sur le délai pour la restitution des créances et rentes dotales. Il faut se rattacher à la règle déjà émise, qu'il faut considérer la nature de la chose due, au moment où est née l'obligation de restituer. Si donc le mari a été remboursé par le débiteur, il aura le délai de l'an, car il est débiteur d'une quantité; s'il n'a pas été remboursé, il devra restituer immédiatement les titres qui constatent le droit de la femme.

Si le mari avait, dans le contrat de mariage, stipulé pour la restitution un délai plus long que le délai légal, cette stipulation lui profiterait-elle? Nous avons vu qu'en droit romain une pareille stipulation aurait été de nul effet, comme désavantageuse pour la dot. Mais en droit français, il faut la déclarer valable, car elle n'est contraire ni aux lois ni aux bonnes mœurs (art. 1387).

Les héritiers du mari jouissent du délai accordé à celui-ci. Cependant si le mari avait légué la dot à sa femme, l'effet du legs serait de priver ses héritiers du bénéfice du délai, et de donner à la femme le droit d'agir immédiatement pour la restitution de ses sommes dotales.

CHAPITRE VII.

DE LA PREUVE DE LA RÉCEPTION DE LA DOT ET DU CAS OU CETTE RÉCEPTION EST PRÉSUMÉE.

Il faut se référer, à défaut de règles particulières au régime dotal sur la preuve de la réception de la dot, à l'art. 1415, qui admet la femme à prouver par témoins et au besoin par commune renommée, la consistance et la valeur du mobilier non inventorié, dans tous les cas où le défaut d'inventaire lui préjudicie.

Quant à l'hypothèse où la réception de la dot est présumée, elle nous est fournie par l'art. 1569 qui porte : « Si le mariage « a duré dix ans depuis l'échéance des termes pris pour le « paiement de la dot, la femme ou ses héritiers pourront la « répéter contre le mari après la dissolution du mariage, sans « être tenus de prouver qu'il l'a reçue, à moins qu'il ne jus« tifiât de diligences inutilement par lui faites pour s'en pro« curer le paiement. » Cette disposition établit une présomption légale. D'après le droit commun, la femme, étant demanderesse dans l'action en répétition de la dot, devrait prouver que le mari a reçu la dot qu'elle réclame ; l'art. 1315 porte, en effet, que celui qui réclame l'exécution d'une obligation, doit la prouver. Et cet acte est toujours applicable sous tous les régimes, même sous le régime dotal, en dehors de l'art. 1569 qui prévoit le cas où plus de dix ans se sont écoulés entre le moment où la dot est devenue exigible par le mari et le moment où est née pour lui l'obligation de restituer.

La présomption établie par cet article repose sur deux motifs : d'un côté, le silence du mari pendant dix ans fait supposer le paiement de la dot, car cette dot lui est nécessaire pour subvenir aux frais du mariage ; et de l'autre côté, après un long temps, la femme n'aurait pu que bien difficilement prouver la réception de la dot, lorsque la dot émane d'un tiers, ce qui est le cas le plus fréquent ; car c'est le constituant qui a les quittances.

En somme, cette présomption a pour objet d'établir qu'après dix ans depuis l'exigibilité la dot a été reçue, et, si elle n'a pas été reçue, que c'est faute de diligences de la part du mari ; voilà pourquoi le mari doit, pour échapper à cette présomption, prouver non-seulement qu'il ne l'a pas reçue, mais encore qu'il est exempt de fautes, c'est-à-dire qu'il a fait pour l'obtenir des diligences inutiles.

Il ne faut pas prendre à la lettre les mots *depuis l'échéance des termes pris pour le paiement*, et les interpréter en ce sens que, la dot étant payable en plusieurs termes, le délai de dix ans ne courra que lorsque tous les termes seront échus. Si, en effet, le mari avait été bon administrateur, il aurait demandé le paiement de la dot à l'échéance de chaque terme ; il n'aurait pas attendu l'expiration du terme le plus éloigné, car il aurait pu par là compromettre la dot. Il faut donc dire, s'il y a plusieurs termes pris pour le paiement de la dot, que cette dot sera fractionnée en autant de dots qu'il y a de termes, et que chacun des termes marquera pour chacune des dots le point de départ du délai.

Des mots *paiement* et *pourront répéter* employés dans l'art. 1569, on peut conclure que cet article n'est pas applicable aux immeubles, et cela avec d'autant plus de raison qu'il s'agit d'une présomption légale, applicable seulement au cas spécialement prévu. Mais, par exemple, un immeuble a été constitué en dot, et il a péri par la faute d'un tiers détenteur ; si le mari a laissé passer dix ans sans réclamation, il sera présumé avoir reçu l'indemnité due ; et l'intérêt de cette décision ressort, si l'on suppose que ce détenteur est devenu insolvable.

Par suite encore de ce que toute présomption légale n'est applicable qu'au cas prévu, nous ne l'appliquerons pas entre le mari et le tiers débiteur de la dot, car la loi suppose le conflit seulement entre le mari et la femme ou ses héritiers. On ne comprendrait pas d'ailleurs que le débiteur pût opposer une présomption de paiement établie uniquement dans l'intérêt de la femme.

Mais les créanciers de la femme peuvent-ils invoquer l'art. 1569? La question revient à celle-ci : le droit conféré par notre article à la femme est-il un droit exclusivement attaché à sa personne? Je crois me mettre d'accord avec l'esprit de la loi en décidant négativement cette seconde question, et en disant que ces créanciers n'auront pas besoin, pour agir en répétition de la dot, de prouver, après dix ans depuis l'exigibilité, que le mari l'a réellement reçue. En effet, il s'agit dans l'art. 1569 d'une sorte de prescription ; or, d'après l'art. 2225 la prescription est opposable par les créanciers, même quand leur débiteur y renonce.

Que faut-il entendre par ces *diligences*, dont le mari doit justifier pour échapper à la présomption de l'art. 1569? Je ne crois pas que le législateur ait établi la nécessité de poursuites judiciaires; je crois au contraire, qu'il a employé à dessein le mot *diligences*, afin de donner au juge le pouvoir d'apprécier s'il y a négligence de la part du mari, ou si ce n'est pas plutôt à cause des égards dus au débiteur de la dot que le mari n'a pas eu recours aux voies judiciaires. Ainsi donc, le débiteur constituant est-il proche parent de la femme, il suffira au mari, pour écarter la présomption de l'art. 1569, de prouver qu'il a réclamé la dot, et qu'à ce sujet il a fait des démarches ou des instances écrites. Comment pourrait-on exiger du mari, que, pour mettre à couvert sa responsabilité, il s'engageât dans un procès, par exemple, avec son beau-père, et qu'il épuisât les poursuites jusqu'au dernier acte d'exécution ? Mais il ne pourrait agir ainsi qu'en manquant à tous les égards, et de pareils actes seraient surtout odieux vis à vis de la femme, qui doit au constituant au moins de la reconnaissance. Au contraire, si le défaut de poursuites ne peut pas s'expliquer par un sentiment de convenance et de devoir, si, par exemple, la dot a été promise par un débiteur de la femme, il faudra entendre par *diligences* des poursuites judiciaires, et le mari devra établir qu'il les a inutilement poussées à fin.

La présomption de l'art. 1569 est-elle applicable, si la femme s'est dotée elle-même ? On ne s'accorde pas sur cette question : les uns, s'appuyant sur la loi romaine, décident que la présomption n'est pas applicable à cette hypothèse, parce que la femme ne peut pas se plaindre des ménagements qu'a gardés le mari vis-à-vis d'elle. D'autres distinguent et ne permettent à la femme d'invoquer la présomption que lorsqu'elle avait, à l'époque du mariage, pour payer la dot, des biens paraphernaux qu'elle n'a plus, parce que dans ce cas le mari est réellement en faute de n'avoir pas réclamé la dot promise, et parce que l'art. 1569 semble présumer une négligence du mari, plutôt qu'une libération. Mais je préfère l'opinion d'après laquelle la présomption est toujours applicable à la femme qui s'est dotée ; d'abord, le Code n'a pas consacré la distinction qu'on faisait en droit romain ; et en second lieu, c'est le cas plus que jamais d'appliquer notre article, lorsque la constitution émane de la femme. Rappelons-nous, en effet, que le but de la loi est de protéger la femme ; or, il est plus que probable que le mari n'aura pas laissé passer le laps de dix ans sans user de l'empire qu'il a sur elle pour l'obliger à payer la dot promise.

Le mari est excusable, quoiqu'il n'ait pas fait de poursuites, s'il prouve l'insolvabilité continuelle du débiteur de la dot. Il a même fait acte de bonne administration en s'abstenant, car il a évité les frais de poursuites.

On peut admettre toute espèce de preuve contre la présomption de l'art. 1569 ; car cet article ne rentre pas dans l'une des deux hypothèses prévues par l'art. 1352 : il n'annule aucun acte par suite de la présomption qu'il établit, et il ne dénie pas une action en justice.

CHAPITRE VIII.

DES INTÉRÊTS ET DES FRUITS DE LA DOT QUI RENTRENT DANS LA RESTITUTION DE LA DOT.

La jouissance par le mari de la dot reposait sur l'affectation de cette dot aux charges du mariage. Cette jouissance doit donc cesser du moment où ces charges n'existent plus.

Deux cas sont prévus par l'art. 1570 :

1° Le mariage s'est dissous par la mort de la femme. Dès ce moment, l'intérêt et les fruits de la dot courent de plein droit au profit de ses héritiers. Il en est ainsi, même au cas où la dot n'est pas immédiatement restituable, car le délai de l'an n'est pas accordé au mari pour lui procurer un gain ;

d'ailleurs l'article ne distingue pas, et avec d'autant plus de raison, que les intérêts dus par le mari auront été touchés par lui, s'il n'a pas laissé les capitaux oisifs.

2° Le mariage s'est dissous par la mort du mari. L'article ne nous dit pas si les intérêts de la dot doivent courir de plein droit, ou bien s'il faudra une demande en justice pour les faire courir conformément à l'art. 1153. Mais la raison nous indique qu'ils doivent courir de plein droit à la mort du mari; à quel titre son héritier ferait-il siens les fruits qu'il percevrait?

Que décider au cas de séparation de biens? L'art. 1445 fait remonter au jour de la demande les effets du jugement qui prononce la séparation de biens, il semblerait donc que les intérêts de la dot devraient courir du jour de la demande en séparation. Cependant nous déciderons, conformément à l'esprit de la loi, que les intérêts ne courront qu'à dater du jugement qui prononce la séparation de biens; parce que jusqu'au jour du jugement le mari doit pourvoir aux charges du mariage.

Lorsque la mort du mari a dissous le mariage, la femme (art. 1570) jouit de deux avantages que n'ont pas ses héritiers : 1° Par une conséquence de l'art. 1565 qui donne un an aux héritiers du mari pour rembourser les sommes dotales, la femme peut à son choix exiger pendant l'année du deuil ou les intérêts de sa dot ou des aliments; 2° Quel que soit le choix de la femme, l'habitation durant cette année et les habits de deuil doivent lui être fournis sur la succession, et sans imputation sur les intérêts à elle dus, si elle a opté pour les intérêts.

Reprenons le 1°. Puisque la disposition qu'il contient n'est que la conséquence du délai accordé par l'art. 1565, nous devons dire que si les sommes dotales ont été restituées en partie, il y aura lieu à une déduction proportionnelle sur ce qui aurait été fourni à titre d'aliments à la femme. Si la dot consiste en choses restituables immédiatement, la femme ne peut pas avoir droit à des aliments pris sur la succession de son mari, pas plus que dans le cas où elle n'a aucune dot à réclamer. Les mots de notre article, *a le choix d'exiger les intérêts de sa dot*, indiquent que le législateur suppose qu'il y a une dot et une dot régie par l'art. 1565; sa pensée est celle-ci : « Le mari s'est peut-être enrichi des fruits échus durant le mariage, la veuve a donc droit à un dédommagement. » Mais tout le monde ne l'entend pas ainsi; beaucoup de personnes soutiennent qu'il serait contraire à l'humanité de priver pendant l'an de deuil la femme qui précisément en aura le plus grand besoin, si elle est sans dot; et elles s'appuyent sur l'art. 1465 qui attribue à la femme commune dans tous les cas l'habitation et l'entretien pendant les trois mois et quarante jours qui lui sont accordés pour faire inventaire et délibérer. Je réponds qu'il ne s'agit pas de savoir quel est le système le plus conforme à l'humanité, mais quel est celui que la loi a sanctionné : quant à l'argument d'analogie tiré de l'art. 1465, il n'a pas une grande portée, car on conçoit aisément que la grande confusion d'intérêts qui existe entre époux communs ait permis d'étendre à toutes les hypothèses le droit de la femme commune. Je le répète, le seul but de la loi dans l'art. 1570 est de dédommager la femme dotale de l'enrichissement que les fruits de la dot ont procuré au mari.

Si maintenant la dot comprend à la fois des choses restituables immédiatement, et des choses non restituables immédiatement, dirons-nous que, l'art. 1570 ne parlant que des intérêts, on devra laisser à la femme la jouissance de sa dot restituable immédiatement, et lui donner le droit d'option entre les aliments et les intérêts de sa dot non restituable immédiatement ? Cette hypothèse est en dehors de la prévision de notre article ; néanmoins on peut dire que comme il n'y a pas deux dots, mais une seule, la femme ne devra pas avoir la jouissance d'une partie de la dot, et en même temps le droit aux aliments ; mais comme d'un autre côté, le droit qu'a la femme de reprendre immédiatement les objets dont elle a conservé la propriété, est facultatif, on peut décider que la femme pourra réclamer les aliments, mais en laissant aux héritiers du mari, la jouissance tant de sa dot restituable que de sa dot non restituable immédiatement.

Passons à notre 2°, qui attribue à la femme sur la succession du mari, l'habitation durant l'année de deuil et les habits de deuil, sans imputation sur les intérêts de sa dot, si elle a opté pour ces intérêts. Le droit d'habitation n'est pas restreint à ce qui est nécessaire au logement de la femme : l'art. 632 nous dit, en effet, que celui qui a un droit d'habitation dans une maison, peut y demeurer avec sa famille. Quant au deuil, il doit se régler suivant la fortune et la condition du mari, au moment de la dissolution du mariage.

L'art. 1571 porte : « A la dissolution du mariage, les fruits « des immeubles dotaux se partagent entre le mari et la « femme ou leurs héritiers, à proportion du temps qu'il a « duré, pendant la dernière année. L'année commence à « partir du jour où le mariage a été célébré. »

Cet article paraît être en contradiction avec l'art. 1570

qui fait courir les intérêts de la dot, exclusivement au profit des héritiers de la femme, depuis la dissolution du mariage. Mais la contradiction n'est qu'apparente : l'art. 1571 règle le mode de partage des fruits de la dot pendant la dernière année ; et l'art. 1570 détermine le moment où les héritiers de la femme y ont droit pour leur part.

Observons tout d'abord que pour le partage des fruits de la dernière année, l'année se calcule en prenant pour point de départ, non pas comme en droit romain, le jour où le mari a été mis en sa possession de la dot, mais le jour où le mariage a été célébré ; et c'est là bien certainement une base plus simple et plus sûre.

Mais on a suivi le droit romain quant au système de répartition des fruits. Ainsi, on fera une masse des fruits échus ou à échoir pendant le cours de la dernière année du mariage ; on ne distingue pas entre les fruits naturels ou industriels et les fruits civils. La somme formée par la réunion de tous ces fruits se partage entre les époux et leurs héritiers, en proportion du temps qu'a duré le mariage dans la dernière année. Ce système s'éloigne de la règle établie par l'art. 585, d'après lequel les fruits naturels s'acquièrent par la perception et non pas jour par jour. Mais considérons combien cette dérogation amène un résultat équitable et en harmonie avec la nature du régime dotal : la dot est apportée par la femme pour aider le mari à supporter les charges du mariage ; il doit donc avoir, tant sur les fruits naturels que sur les fruits civils, un émolument calculé sur le temps pendant lequel il a supporté ces charges ; si donc le mariage a duré dix ans et dix mois, il doit avoir dix recettes entières, et les dix douzième de la recette de la dernière année. Au contraire, si l'on avait suivi le droit commun, si on avait attribué au mari tous les fruits recueillis ou séparés au jour de la dissolution du mariage, et à la femme tous les fruits alors pendants par branches ou par racines, on serait arrivé à un résultat fâcheux pour le mari ou pour la femme, selon que le mariage se serait dissous quelque temps avant ou quelque temps après la récolte; dans le premier cas, la récolte, préparée par les soins du mari, n'aurait pas été touchée par lui, quoique restant obligé jusqu'au dernier jour, à subvenir aux frais du ménage; dans le second cas, la femme eût été, peut-être pour un temps fort long, privée de ses revenus, au moment où elle doit pourvoir elle-même à ses besoins.

La dérogation qu'établit l'art. 1571, se justifie donc parfaitement, surtout si l'on considère la nature du régime dotal, qui, en séparant les intérêts des époux et en destinant les fruits de la dot au soutien des charges du mariage, devait régler cette jouissance proportionnellement au temps qu'ont duré ces charges. Mais, dira t-on, le régime de la communauté s'accommode pourtant de la règle de l'art. 585, car les mots *fruits échus ou perçus*, qui se trouvent dans le 2° de l'art. 1401, indiquent que l'on a conservé la distinction entre les fruits naturels et les fruits civils. Cela est vrai; mais cela tient à la différence existant entre ces deux régimes : le régime de communauté associe les intérêts du mari et de la femme, au lieu de les séparer ; il ne comporte donc point le calcul scrupuleux auquel on arrive dans le système de l'art. 1571.

L'art. 1571 a trait seulement aux fruits perçus annuellement ; de là, pour plusieurs cas des difficultés.

Premier cas. — Deux récoltes ont été perçues dans la dernière année; le mari les gardera-t-il toutes deux ? Non, le hasard qui a avancé la seconde récolte ne peut avoir aucune influence sur son droit. Du reste, si aucune récolte n'avait été perçue dans cette dernière année, parce que la saison a été tardive, le mari aurait droit à une portion de la récolte à faire, proportionnelle au temps qu'aurait duré le mariage dans cette même année.

Deuxième cas. — S'il s'agit de récoltes ayant lieu, non pas chaque année, mais, par exemple, tous les dix ans, comme une coupe de bois, on compte comme une année la période de temps nécessaire pour faire une coupe; l'année se composerait donc, dans notre hypothèse, d'une série de dix ans. Cela posé, si le mariage a duré quinze ans et que deux coupes aient été faites par le mari, il pourra conserver la première coupe toute entière, mais il devra rendre à la femme la moitié de la seconde coupe; si une seule coupe avait été faite, ce serait à la femme à tenir compte au mari d'une partie de la seconde coupe. Enfin, si aucune coupe n'a été faite, parce que le mariage a duré un temps bien plus court, trois ans, par exemple, le mari a le droit à trois dixièmes du produit futur de la coupe.

Troisième cas. — Les fruits de la dot sont bien annuels, mais ils se perçoivent très irrégulièrement dans la même année, parce qu'il y a une morte saison et une saison productive; si le mariage a duré seulement pendant les six mois, qui sont le temps de la morte saison, la femme ne gardera pas tout ce qu'elle percevra pendant les six autres mois qui forment la saison productive, en arguant de ce que le mari aurait recueilli les fruits des six premiers mois. La

masse doit se faire entre tous les produits de l'année, et c'est de cette masse qu'on tire pour en donner au mari une part correspondante à la durée du mariage.

Quatrième cas. — Le mariage a duré six mois, et pendant ce temps le mari a perçu une récolte ; ensuite, il a donné le fonds à bail, et il a perçu une portion du prix du bail ; il devra rendre la moitié de la récolte qu'il a perçue, et de plus tout ce qu'il a reçu sur le prix du bail ; car ce prix est la représentation des fruits de l'année à venir, et n'est pas par suite destinée aux charges de l'année qui a vu se dissoudre le mariage.

Dans tous les cas, avant la division de la masse des fruits, on doit prélever les frais que ces fruits ont occasionnés, tels que ceux de labour et de semence, l'art. 1571, en effet, dérogeant à l'art. 585, à cet article qui ne donne ni au propriétaire, ni à l'usufruitier, le droit de se faire rembourser pour les labours et semences, n'est pas applicable à notre matière, qui dès-lors se trouve réglé par le principe général de l'article 541, lequel est simplement la reproduction de la maxime romaine « *Non intelliguntur fructus, nisi deductis impensis*... Par contre, il faut admettre que le mari serait débiteur envers sa femme pour les frais occasionnés par la récolte qu'il a trouvée pendante lors de la célébration du mariage.

CHAPITRE IX.

LES SURETÉS POUR LA RESTITUTION DE LA DOT.

Justinien avait créé au profit de la femme un privilége exorbitant, en lui accordant sur les biens du mari une hypothèque qui primait celles même antérieures au mariage. Un pareil effet rétroactif était destructif du crédit public.

En haine probablement de cette disposition, la loi du 11 brumaire, an VII, avait voulu que l'hypothèque de la femme, fût comme toute autre hypothèque, rendue publique par l'inscription, et que cette inscription marquât par sa date le rang de l'hypothèque. Ce système avait l'inconvénien opposé; il compromettait le droit des femmes, car elles négligeaient le plus souvent de prendre l'inscription requise.

Le Code a cherché à concilier l'intérêt de la femme et celui des tiers. L'art. 1572 porte : *La femme et ses héritiers n'ont point de privilége pour la répétition de la dot, sur les créanciers antérieurs à elle en hypothèques.* Par cette disposition, on a effacé de notre droit la loi de Justinien. Mais d'un autre côté, on n'a pas laissé la femme sans protection ; on lui a donné sur les biens du mari, à mesure qu'ils entrent dans son patrimoine, une hypothèque légale dispensée de la formalité de l'inscription (art. 2135), pour toutes les créances qu'elle peut avoir en sa qualité d'épouse. Il est vrai que, si les biens n'appartiennent au mari que sous condition, l'hypothèque de la femme est aussi conditionnelle, et encore les articles 952 et 1054 consacrent à cet égard deux exceptions, en attribuant à la femme une hypothèque irrévocable sur des biens qui ne sont parvenus au mari que sous une condition résolutoire.

L'hypothèque de la femme n'a pas une date unique ; le législateur a pensé qu'il était plus équitable de ne la faire jamais rétroagir. D'après l'art. 2135, le rang de l'hypothèque est déterminé par la date du jour auquel remontent les différentes créances que la femme a contre son mari. Ainsi, l'hypothèque existe, à compter du jour du mariage, *à raison de la dot et des conventions matrimoniales*; il est bien évident que par le mot dot on entend l'apport effectué par la femme *die nuptiarum;* si la constitution de dot comprenait les biens présents et à venir, l'hypothèque ne daterait, quant aux biens à venir, que du jour où ils sont échus à la femme (art. 2135).

En somme, la femme prime par son hypothèque tous les créanciers chirographaires de son mari, même ceux antérieurs à la célébration du mariage, et les créanciers hypothécaires inscrits postérieurement à la célébration du mariage ou à l'événement qui a donné naissance à son droit de restitution.

CHAPITRE X.

DU RAPPORT DE LA DOT, LORSQUE LA FEMME SUCCÈDE AU CONSTITUANT.

L'art. 1573 dispose ainsi : « Si le mari était déjà insol-
« vable, et n'avait ni art ni profession lorsque le père a
« constitué une dot à sa fille, celle-ci ne sera tenue de rap-
« porter à la succession du père que l'action qu'elle a contre
« celle de son mari, pour s'en faire rembourser. Mais si le
« mari n'est devenu insolvable que depuis le mariage, ou s'il
« avait un métier ou une profession qui lui tînt lieu de biens,
« la perte de la dot tombe uniquement sur la femme. »

Cet article établit une disposition exceptionnelle, dérogeant dans un cas particulier aux principes établis en matière de rapport; les rédacteurs l'ont prise dans la Novelle 97, cap. VI, de Justinien.

D'après les règles générales qui restent applicables, en dehors du cas prévu par notre article, à la femme qui succède au constituant, il faut distinguer si la constitution portait sur des meubles ou des immeubles.

Si la dot est immobilière, le rapport se fait en nature; l'immeuble est rapporté dans l'état où il se trouve à l'époque de l'ouverture de la succession; mais d'un côté, la succession tient compte à la femme des impenses nécessaires et de celles qui ont amélioré l'immeuble; et de l'autre côté, la femme tient compte à la succession des détériorations provenant de sa négligence ou de celle de son mari, qui est son ayant-cause. La négligence de l'un ou de l'autre a-t-elle occasionné la perte de l'immeuble, la femme est obligée de rapporter à la succession une somme représentant la valeur qu'aurait eue l'immeuble au jour de l'ouverture de la succession. Ce n'est que lorsque la perte provient d'un cas fortuit, que l'obligation est éteinte.

Si la dot est mobilière, la femme en est devenue définitivement propriétaire, sauf l'obligation, lorsqu'elle succède au constituant, de rapporter une somme représentative de la valeur, lors de la donation, des choses données. Il importe donc peu que les meubles aient ou non péri; car la femme ne les doit pas. Elle doit une quantité; elle ne peut donc pas être libérée de son obligation par la perte des choses survenue par cas fortuit.

Voyons maintenant le cas spécial pour lequel on a dérogé à ces règles. La femme, aujourd'hui obligée au rapport, a épousé un homme déjà insolvable et qui n'avait, au moment de la constitution, ni art ni profession qui lui tint lieu de biens. Or, les meubles et les immeubles donnés en dot ont péri ou se sont détériorés par suite d'une négligence coupable. D'après notre article, la femme est libérée en rapportant à la succession l'action en restitution qu'elle a contre son mari. Ainsi donc dans ce cas particulier, la femme ne court pas les risques provenant de la perte ou détérioration des meubles, de même qu'elle ne supporte pas la perte ou détérioration des immeubles, imputable à la faute de son mari.

Le constituant, en livrant la dot à un homme qui méritait fort peu de confiance, puisqu'il n'avait aucune ressource, devait exiger quelque garantie; il ne l'a pas fait; on n'a pas voulu, par une faveur qu'explique l'existence d'une disposition semblable dans l'ancien droit, que la femme souffrît d'une imprudence qui n'est pas la sienne.

L'art. 1573 est spécial au cas où le mari était insolvable et n'avait ni art ni profession, *qui lui tînt lieu de biens;* de ces derniers mots il résulte que l'on doit entendre par profession, une profession exercée par le mari, au moment de la constitution, de manière que le constituant ait pu voir dans cette profession une garantie pour la dot. Ainsi, je ne crois pas que le diplôme, qui permettrait au mari d'exercer la profession d'avocat ou de médecin, fût suffisant pour faire retomber sur la femme la perte de la dot.

L'art. 1573 a-t-il voulu, en supposant la constitution émanée du père, mettre en dehors le cas où elle émanerait de la mère? D'un côté, l'on peut dire qu'il s'agit d'une disposition dérogeant à une règle générale, et par conséquent de droit étroit; de l'autre côté, on peut répondre qu'il y a même raison de décider. J'applique volontiers notre disposition à la femme dotée par sa mère, parce que la Novelle de Justinien parlant de la constitution émanée du père ou de la mère, il est probable que les rédacteurs du Code ont employé le mot père d'une manière générique.

CHAPITRE XI.

DES BIENS PARAPHERNAUX.

Nous savons qu'on appelle paraphernaux les biens de la femme qui restent en dehors de la dot, et nous connaissons aussi la règle de l'art. 1574, que tous les biens de la femme qui n'ont pas été constitués en dot sont paraphernaux.

L'art. 1576 nous indique la mesure des droits de la femme sur ces biens. Il porte : « La femme a l'administration et la « jouissance de ses biens paraphernaux ; mais elle ne peut « les aliéner ni paraître en jugement, à raison desdits biens, « sans l'autorisation du mari, ou, à son refus, sans la per« mission de la justice. »

Quant à l'étendue de son droit d'administration, la femme est réglée, à défaut de règles particulières au régime dotal, par les dispositions éparses dans le Code et relatives à ce droit. Ainsi, elle pourra passer sur ses paraphernaux des baux dont la durée n'excèdera pas neuf ans ; elle pourra aussi recouvrer ses sommes paraphernales et donner mainlevée de l'hypothèque qui les garantissait ; et tout cela, sans avoir besoin d'autorisation.

Lorsque tous les biens de la femme sont paraphernaux, ce qui arrive, par exemple, lorsqu'aucune constitution ni donation n'a été faite dans le contrat de mariage, qui porte adoption du régime dotal, la femme doit contribuer aux charges du mariage, conformément à ce qui a été stipulé dans le contrat, et, s'il n'y a pas de stipulation à cet égard, elle y contribue jusqu'à concurrence du tiers de ses revenus (art. 1575). S'il y avait eu constitution de certains biens en dot, le mari n'aurait aucun droit sur les paraphernaux, quoique la dot fût minime et les paraphernaux considérables ; en recevant la dot telle qu'elle était, il l'a reconnue comme suffisante pour l'aider à supporter des charges dont il devait connaître l'existence et le poids.

Une loi au Code de Justinien conseille aux femmes comme une chose très naturelle pour elles, qui ont déjà livré leur personne au mari, de lui laisser l'administration de leurs paraphernaux. Notre Code conçoit la possibilité d'un pareil cas, et il distingue : les biens paraphernaux peuvent se trouver entre les mains du mari qui les administre, ou bien en vertu d'une procuration à lui donnée par sa femme, ou bien sans mandat mais sans opposition de la part de la femme, ou enfin malgré l'opposition *constatée* de celle-ci.

1° Si la femme donne sa procuration au mari pour admi« nistrer ses biens paraphernaux, avec charge de lui rendre « compte des fruits, il sera tenu vis-à-vis d'elle comme tout « mandataire. » (art. 1577). Si la procuration ne portait pas expressément la charge pour le mari de rendre compte des fruits, aucune restitution de fruits ne pourrait lui être demandée, à la dissolution du mariage, car on supposerait qu'il en a tenu compte à la femme au fur et à mesure de leur perception.

2° « Si le mari a joui des biens paraphernaux de sa femme, « sans mandat, et néanmoins sans opposition de sa part, il « n'est tenu, à la dissolution du mariage, ou à la première « demande de la femme, qu'à la représentation des fruits

« existants, et il n'est point comptable de ceux qui ont été « consommés jusqu'alors. »

3° « Si le mari a joui des biens paraphernaux malgré l'op« position constatée de la femme, il est comptable envers elle « de tous les fruits tant existants que consommés. » Je n'admets pas, en me fondant sur les termes de l'article qui serait inutile s'il n'était limitatif, que le mari doive dans ce cas, sous prétexte qu'il est possesseur de mauvaise foi, même les fruits qu'il n'a pas perçus et qu'il aurait pu percevoir. Ce résultat rigoureux ne pouvait pas être admis entre époux. Que faut-il entendre par opposition constatée ? Un acte judiciaire n'est pas nécessaire, mais il faut cependant un acte qui constate formellement l'opposition de la femme.

L'art. 1580 porte : *Le mari qui jouit des biens paraphernaux est tenu de toutes les obligations de l'usufruitier.* Cet article n'est pas applicable au cas où le mari se maintient en possession malgré l'opposition constatée de sa femme : alors, en effet, il ne jouit pas, il est simplement détenteur, car il reste comptable des fruits qu'il perçoit. De là nous tirons la conséquence équitable que sa femme, recueillant tous ces fruits, doit en supporter toutes les charges. Le mari déduira donc de la somme qu'il doit pour les fruits qu'il a perçus, la somme qu'il a déboursée pour les charges de ces fruits.

CHAPITRE XII.

DE LA SOCIÉTÉ D'ACQUÊTS.

« En se soumettant au régime dotal, les époux peuvent

« néanmoins stipuler une société d'acquêts, et les effets de « cette société sont réglés comme il est dit aux articles 1498 « et 1499. »

La dot est souvent, a-t-on dit, *la dernière planche dans le naufrage*. Or, le régime dotal a l'avantage d'assurer la conservation de cette ressource dernière. Mais d'un autre côté, la femme sous ce régime ne participe pas aux gains du mari, et dès-lors elle n'a point un intérêt assez puissant pour chercher à joindre ses efforts à ceux de son mari dans le travail et une économie bien entendue. Cet inconvénient peut être chez la femme la source d'une indifférence contraire à la prospérité du ménage; mais il peut être effacé par la stipulation de la société d'acquêts, ainsi qu'on le voit dans l'art. 1581, article inutile du reste, vu le principe général de l'art. 1387.

La société d'acquêts, en établissant sous l'empire même du régime dotal, la communauté entre les époux des acquisitions faites par eux dans le cours du mariage et provenant tant de leur industrie que des économies faites sur leurs revenus, engage la femme à un travail et à une économie qui devront amener la prospérité de l'association conjugale.

Il ne faut pas oublier, tout en suivant les dispositions des art. 1498 et 1499, quant aux biens qui sont considérés comme acquêts, de maintenir quant aux autres biens les principes spéciaux au régime dotal. Ainsi, le mari administrera, en même temps que les biens dotaux, les biens acquis, par exemple, avec les économies faites sur les revenus, car ce sont des acquêts; mais la stipulation de la société d'acquêts ne fera pas obstacle au droit de la femme dotale, d'administrer ses biens paraphernaux et d'en jouir. En effet, cette stipulation est, lorsque le régime dotal a été adopté, une convention purement accessoire, qui par conséquent ne peut avoir pour effet de soustraire l'association conjugale aux principes du régime dotal, et de soumettre les paraphernaux aux règles de la communauté.

La société d'acquêts est régie, pour son passif et son actif, par les règles de la communauté réduite aux acquêts. Ainsi donc l'actif se composera :

1° Des fruits ou revenus des biens des époux, perçus ou échus depuis le mariage ;

2° Des bénéfices acquis par l'industrie des époux ;

3° Des biens acquis par leurs économies ;

4° De ceux qui leur sont donnés pour tomber dans la société d'acquêts.

Quant au passif, il se compose :

1° De toutes les charges annuelles, telles que la nourriture et l'entretien des époux, la nourriture, l'entretien et l'éducation des enfants ;

2° Du paiement des intérêts et arrérages des capitaux ;

3° De toutes les réparations d'entretien à faire aux immeubles des époux ;

Certains capitaux tombent aussi à la charge de la société d'acquêts ; ainsi le passif comprend encore :

4° Le paiement des dettes que les époux ont contractées durant le mariage.

On n'y fait pas rentrer les dettes présentes, parce qu'aucun bien présent n'y entre, ni aucune des dettes grevant les successions, donations ou legs acquis pendant le mariage parce que les biens ainsi acquis restent propres à l'époux donataire, héritier ou légataire.

Tout bien est réputé acquêt. C'est donc à l'époux qui prétend que tel bien lui appartient, à en faire la preuve. Cette preuve se fera, si c'est le mari qui réclame, au moyen d'un inventaire ou d'un état en bonne forme, et jamais autrement. Mais si la réclamation vient de la femme, j'admets, quoique m'éloignant ainsi du texte de l'art. 1499, qu'elle pourra prouver son droit de toutes manières, du moins quant aux biens qu'elle prétend lui avoir été acquis pendant le mariage à titre de succession, donation ou legs ; car sa dépendance vis-à-vis de son mari lui rend applicable le principe général de l'art. 1348, qui admet à faire la preuve par témoins la personne qui s'est trouvée dans l'impuissance de se procurer un écrit constatant son droit.

PROPOSITIONS.

—

DROIT ROMAIN.

1. La diction de dot devait précéder le mariage.

2. L'insolvabilité du débiteur délégué par la femme à son mari retombe sur la femme, à moins que le mari n'ait été négligent, ou qu'il n'ait pris les risques pour son compte.

3. Conciliation des lois 48 § 1 *de jure dot.* et 69 § 2 *de legatis* au Digeste.

4. Les pubères mineurs de vingt-cinq ans n'ont jamais été obligés de recevoir des curateurs, pour la seule raison de leur âge.

DROIT FRANÇAIS.

DROIT CIVIL.

1. Les obligations de la femme, provenant d'un crime, ne peuvent pas être poursuivies sur l'immeuble dotal.

2. La bonne foi des époux ou de l'un d'eux suffit pour constituer un mariage putatif.

3. Le mariage putatif légitime les enfants que les époux auraient eus d'un commerce antérieur au mariage, si ces enfants ne sont ni incestueux ni adultérins.

4. La peine de la dégradation civique, quoique infamante, ne fait pas perdre au mari son droit d'autorisation.

DROIT CRIMINEL.

1. L'action civile résultant d'un crime ou d'un délit est, comme l'action publique, prescrite par dix ans, à compter du crime ou du délit.

2. L'aggravation de la peine contre l'auteur principal par suite d'une circonstance à lui personnelle, ne doit pas être appliquée au complice.

DROIT DES GENS.

1. Un étranger ne peut pas être investi des fonctions consulaires par le gouvernement français.

2. La contrainte par corps, autorisée dans certains cas, comme mesure préventive à l'égard des étrangers, est applicable aux consuls étrangers, débiteurs envers des Français.

HISTOIRE DU DROIT.

L'élément celtique n'est pas à considérer dans la formation de notre droit.

Il n'est pas exact de dire que le régime municipal romain fut appliqué uniquement aux provinces jouissant du *jus italicum*.

Vu par le président de la thèse,
BUGNET.

Vu par le doyen de la faculté,
C. A. PELLAT.

Permis d'imprimer :

Le vice recteur,
ARTAUD.

A
B

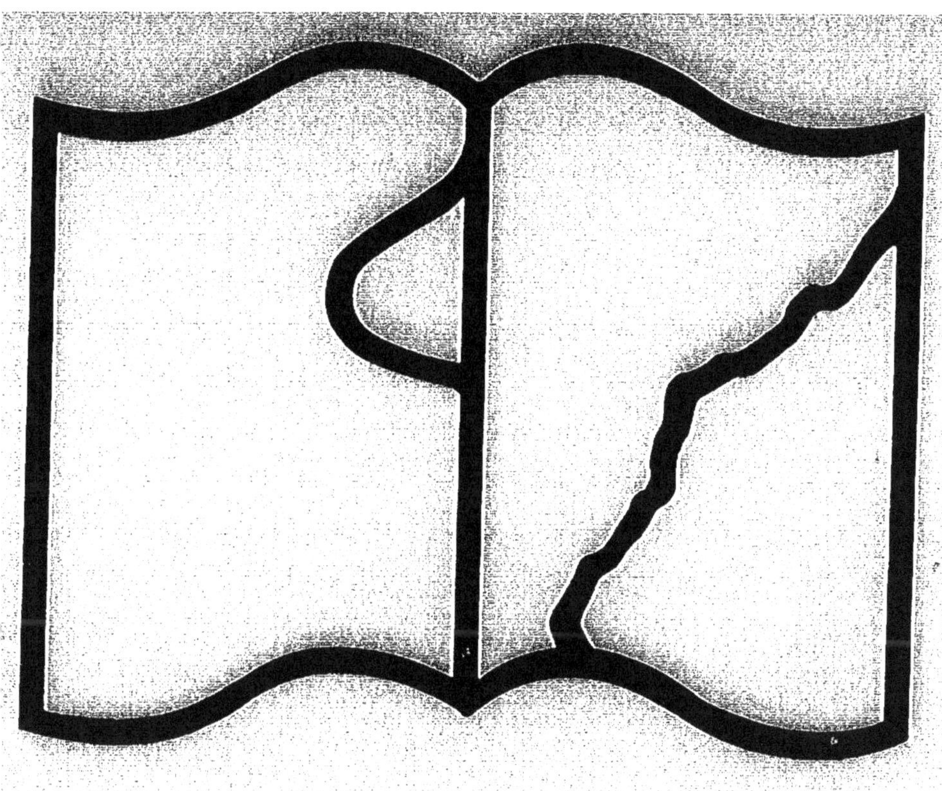

www.ingramcontent.com/pod-product-compliance
Lightning Source LLC
Chambersburg PA
CBHW060542210326
41519CB00014B/3308

* 9 7 8 2 0 1 9 5 6 1 1 6 1 *